一生モノの英語練習帳

——最大効率で成果が上がる

鎌田浩毅
吉田明宏

SHODENSHA SHINSHO

祥伝社新書

はじめに

　英語をモノにしようとして何回も挫折した経験はないでしょうか。また、「英語を勉強し直したいが時間が取れない」「どうしたら効率的に学習できるだろうか」と模索している人も多いと思います。

　私たちは近年「京大の人気No.1教授」「予備校のカリスマ英語教師」といった評価を頂戴してきましたが、2013年に専門の異なるこの二人で『一生モノの英語勉強法――「理系的」学習システムのすすめ』（祥伝社新書）を刊行しました。

　本書はその続編で、「英作文」「文法」「単語」「読解」「リスニング」「スピーキング」のテーマごとに、この方法であれば短期間で必ず効果が出るという方法を提示し、実際に「正しい」練習ができるようにしたものです。

　前著は、これまで努力と根性でがむしゃらに取り組む勉強をしてきた方に、そこから解放されてもらいたい、という思いから作りました。すなわち、英語の習得をなるべく「理系的」に「システム」化して提示したのです。

　幸い、刊行後、即重版となり、現在でも版を重ねています。そして、直後から「勉強法はよくわかったが、具体例がたくさん載った続編を読みたい」「実践で役立つ練習問題がほしい」「実際に出た入試問題を解説してほしい」といった声を多数いただいたことから、本書が誕生しました。

　本書では、英語を効果的に身につけるために、何が一番大事なことか、どういった勉強法が良いのか、どのよ

うな参考書を使用すればいいか、という視点に基づいた実践練習を積んでいただきます。短期間で皆さんの英語力を飛躍的に上げていただくことが目的で、実例をくわしく指南します。

言うなれば、『一生モノの英語勉強法』が戦略（strategy）に主眼を置いた「理論編・基礎編」であるのに対し、本書は戦術（tactics）に主眼を置いた「技術編・応用編」といった位置づけです。

実は、前著を英語学習の指南書として読んでくださった方が大勢いました。たとえば、英語教育を専門とする江利川春雄教授（和歌山大学）から「日本人の実情に合った的を射た方法」、また大津由紀雄教授（慶應義塾大学）から「内容面では賛同できるので、次作では図を使って例を増やすと理解のしやすさが格段に増す」といったメールを頂戴しました。

こうしたアドバイスを受けて、今回はビジネスパーソンを対象としつつ、さらに高校生・大学生にも楽しく読める内容にしてみました。

また、教育現場で実際に英語を教えている先生方から、「教室での指導に役立てる例がほしい」との声をいただきましたので、各種学校で英語を指導する先生方の参考にしていただける作りにもなっています。

これまで、さまざまな方法を試しては挫折してきたという人、また新しく英語の勉強を始めようという人には、まず本書に挙げた練習問題を解いてみていただきたいと思います。

各ページごとに、私たちはわかりやすく腑に落ちる「解説」に心血を注いできました。どう解いたら良いか

はじめに

がわかり、目から鱗が落ちることと思います。その結果、少しの労力で最大限の効果を得る感触がつかめるようになることを私たちは信じています。

　本書との出会いをきっかけに、英語への苦手意識が少しでもなくなることを祈っています。

鎌田浩毅・吉田明宏

はじめに …………………………………………………… 3

第1章 英作文を楽しむ

Part A 日本語から英語に「橋渡し」する 14

1 「通じる英語」を書こう …………………………… 14
- 「作文力」は短期間で伸ばせる …………………… 14
- 英作文で番狂わせを起こせ！ ……………………… 14
- 「自然な英語」よりも「通じる英語」を目指す …… 16

2 「和文英訳」のコツ ………………………………… 17
- 手持ちの語彙で英語を書く ………………………… 17
- 平易な英語で書く …………………………………… 19
- 「和文和訳」の重要性 ……………………………… 21
- 動詞はいくらでも言い換えができる ……………… 22
- 名詞は覚える ………………………………………… 23

Part B 連想ゲーム 24

1 「連想ゲーム」で英語につなげる ……………… 24
- 「連想ゲーム」……………………………………… 24
- 「連想ゲーム」の効用 ……………………………… 27
- 日常生活の中でお手軽トレーニング ……………… 28

2 和英辞典の使い方 ………………………………… 34
- 和英辞典の使いどころ ……………………………… 34
- 進化する和英辞典 …………………………………… 35

Part C 英借文の効用　37

1 英文をストックする ………………………… 37
- 頭の中の「文のストック」を増やす ………… 37
- 英借文とは ……………………………………… 38

2 例文収集の方法 …………………………… 39
- 英借文用の例文収集 …………………………… 39
- 洋画のちょっと変わった活用法 ……………… 41

第2章 文法に強くなる

Part A 文法力診断テスト《基礎編》　47

重要文法1：不定詞 ………………………………… 50
重要文法2：動名詞 ………………………………… 52
重要文法3：接続詞that …………………………… 54
重要文法4：受動態 ………………………………… 56
重要文法5：関係代名詞 …………………………… 57

Part B 文法力診断テスト《発展編》　63

重要文法6：現在完了 ……………………………… 65
重要文法7：have Vp.p.のもうひとつの用法 …… 69
重要文法8：分詞構文 ……………………………… 73
重要文法9：仮定法 ………………………………… 76
重要文法10：動詞の語法 ………………………… 81

第3章 語彙力を増強する

Part A 語彙力診断テスト　　88

Part B 語彙力増強計画　　106

1 単語を覚える方法 ……………………………106
- 単語学習を習慣化 ……………………………106
- 英単語教材での短期詰め込み学習 ……………107
- 自作単語帳での長期的な単語学習 ……………108

2 単語を覚える際の注意点 ……………………109
- 欲張らない ……………………………………109
- 英単語を覚える際の4要素
  ——つづり・意味・発音・スピード ………110
- 発音の仕方を覚える …………………………110
- 発音記号 ………………………………………111
- アクセント位置を必ず覚える ………………111
- アクセント位置の母音を大切に ……………112
- 単語の瞬発力——もうひとつの大切な要素：スピード …113

3 最大効率の単語帳 ……………………………114
- 最も効率的に覚えられる自作の単語帳 ……114

4 単語テスト ……………………………………118
- 最小の労力で小テストを実施 ………………118
- 100点と90点の差（学生の皆さんへ） ………119
- 20問テスト ……………………………………119

CONTENTS

第4章 読解力を高める

Part A 精読の手順と注意点 124
1. 東大英語に挑戦！ ……………………………124
2. 語彙力と文法力 ………………………………125

Part B 読解力を高める 131
1. 「文の骨格」を見つける ……………………131
2. 第1文分析 ……………………………………134
3. 第2文分析 ……………………………………135

第5章 発音を磨く

Part A 発音練習と音読 140
1. 音読を楽しく …………………………………140
2. 英語の発音はむずかしくない ………………141
3. 音の出る仕組みを理解する …………………142
4. 日本語の母音（あいうえお）………………143

Part B 発音記号と発音——母音編 147
1. 発音記号 ………………………………………147

| **2** 電子辞書が個人レッスンの先生に ……… 149
| **3** 母音 …………………………………………… 150

Part C　発音記号と発音──子音編　160

1 子音一覧 ……………………………………… 160
2 7つの子音 …………………………………… 162
3 総まとめ練習 ………………………………… 170

第6章　聞く技術と話す技術を獲得する

Part A　聞く技術の鍛え方　174

1 インターネットでリスニング練習 ………… 174
2 オバマ大統領の勝利宣言（リスニング練習前編）…… 178
- 聞き取りテスト …………………………………… 178
- 英文構造の把握 …………………………………… 180
- 聞き取りテスト［復習編］ ……………………… 185

3 音読でリスニング力アップを図る
　（リスニング練習後編）……………………… 186
- リピーティング …………………………………… 187
- オーバーラッピング ……………………………… 191
- 締めのリスニング ………………………………… 192

Part B 話す技術の鍛え方 193

1 キング牧師の演説で、まずリスニング ……… 193
- I Have a Dream ………………………… 193
- 聞き取りテスト ………………………… 194
- 英文構造の把握 ………………………… 196

2 話す技術の鍛え方 ……………………… 200
- リピーティング ………………………… 200
- オーバーラッピング …………………… 202
- シャドーイング ………………………… 202

おわりに ………………………………………… 205
索引（日本語） ………………………………… 209
索引（英語） …………………………………… 215

本文デザイン　森の印刷屋

第1章
英作文を楽しむ

ロンドン市内のパートベローは骨董市の本場。市井の人々に愛され、時代を生きのびた器たちが、所狭しと店先に並ぶ。値段の駆け引きに、日本で学んだ英語力を試してみよう。鎌田浩毅撮影。

Part A

日本語から英語に「橋渡し」する

1 「通じる英語」を書こう

●「作文力」は短期間で伸ばせる

「英語を書く」という行為は、「英語を読む」という行為よりもずっとむずかしいように思えるかもしれません。実際に、ネイティブスピーカーと同じレベルで文章を書くとなると、途方もない量の訓練が必要になるでしょう。

しかし、「相手に通じる英語」を書くことはそれほどむずかしくありません。うまく工夫すれば、限られた語彙力でも、立派に通じる英語を書くことができるのです。そういう意味では、知らない英単語が出てきたら理解できなくなる英文読解よりもやさしい、とも言えるでしょう。

また、「英語を話す」には、その場で瞬間的に英語を作り出し、一定のスピードで発話しなければなりません。英語がスラスラと口から出てくるようにするためには、ある程度の訓練期間が必要となります。

それに対して、英語を書く場合は、じっくりと推敲できるため、取り組み方さえ身につければ、短期間で一気に「作文力」を伸ばすことができるのです。

●英作文で番狂わせを起こせ!

大学入試においても、「英文読解はある程度できます

が、英作文は苦手です」という生徒が多くいます。とこ
ろが、実は短期間で一気に伸ばせるのは英作文のほうな
のです。

　英文読解では「自分の知らない英単語」が出てきた
ら、文章が理解できません。よって、事前になるべくた
くさんの英単語を覚え、「入試本番で自分の知らない語
が出ませんように」と祈るしかありません。「英単語を
知っているか、知らないか」が答案の出来に直結するか
らです。

　一方、英作文は「自分の知っている単語」を使って英
語を書く、という作業です。たくさんの単語を知ってい
るに越したことはありませんが、「単語力」を問われて
いるわけでは決してないのです。
「自分の語彙力でいかに工夫して表現するか」という表
現力が問われているとも言えるでしょう。極論すれば、
大学入試で出題される英作文の多くは、「中学レベルの
英語」でも8割程度は表現できるものなのです。

　たとえば、吉田は英語が苦手な受験生にこう指導して
います。
「英作文は他のどの分野よりも番狂わせを起こしやす
い！　分野別得点では、英語を得意とする受験生を上回
ることも十分可能だ」

　実際に、短期間の訓練で飛躍的に力をつけて合格した
生徒を数多く見てきました。

　よって本章では、発想の転換と少しの訓練で、非常に
多くのことが表現できることを示します。

●「自然な英語」よりも「通じる英語」を目指す

　英作文には、ひとつ大事なコツがあります。何かを英語で表わすときには、ネイティブスピーカーとまったく同じ表現をしようと無理をしたりせず、「通じる英語」を書こうと心がけることです。

　日本人はどうしても完璧を求めてしまい、「自然な英語」を書かなければ笑われる、「正しい英語」でなければ通じない、と思ってしまう傾向が強いのです。これは我々の国民性にも由来しています。そして、その結果、英語を書こうとしても筆が進まない、何も書けない、という状況に陥ってしまうのです。

　これは、英語を使って仕事を行なうことを指導する私たちも、大いに反省すべきところです。たとえば、鎌田が普段つき合っている京大生たちは、中学1年生の頃から、「ピリオドがない」「冠詞のaがない」「動詞に三単現のsがない」などとバツをつけられてきました。

　その結果、彼らは「完璧でないとマルがもらえない」＝「完璧でないと通じない」と思ってしまっているのです。これは多くの大学生にも当てはまることでしょう。

　こうして、多くの日本人は、「正しい英語を書く」ことが強迫観念のように頭にこびりついてしまっているのでしょう。もちろん、ピリオドも冠詞も三単現のsも、英語の大切な要素ではあります。

　しかし、致命的な間違いでない限り、国際社会では、たいていのミスは相手が意図を汲み取って理解してくれます。若干不自然な英語でも、十分に意味が通じるし、それで笑われることはありません。

　逆の場合を考えてみましょう。外国人が日本語を話す

のを聞くと、多少ぎこちなくても「日本語がうまいなあ」と思います。

たとえば、日本人なら、
「今日の午前中は、部屋の大掃除をしていたんだ」
というところを、外国人が日本語で、
「今日の朝は、部屋をとても掃除しました」
と言っているのを聞いても、私たちは十分理解します。むしろ、おそらく、「この人、日本語が上手だなあ」と感心するのではないでしょうか。「とても掃除した」はおかしいなどと指摘したりしないでしょう。さらに、「すごく部屋掃除をした」などと言われても通じます。

私たちが英語を話したり、書いたりするときも同じなのです。多少ぎこちなくても、きちんと通じます。「この日本人は上手に英語を書くなあ」ときっと感心してもらえるものなのです。

2 「和文英訳」のコツ

●手持ちの語彙で英語を書く

「英語を書く」という行為の究極は、「英語で考えて、英語で書く」ということになります。しかし、実際には、「日本語で思考して、それを英語に直す」という作業になるでしょう。ここでは、日本語を英語に直す「和文英訳」の手順とそのコツを考えてみます。まず、

「アメリカでは中国語の学習熱が高まっている」

という日本語を例に挙げて、どのような英語にすればよ

いかを考えてみましょう。

「アメリカ」「中国語」はなんとかなるとして、「学習熱」をどう表わすかで悩んでしまいます。

最初に大事なことは、ここで「『学習熱』なんて表現は見たことがないから無理だ」などとあきらめず、自分の知っている単語を使って表現できないか、と考えてみることです。

「熱」という日本語を見て、heatやfeverが頭に浮かんだ人は、かなりの語彙力があります。やはり、英語は語彙力が基本ですので、日本語を見て、それに対応する英単語が思い浮かぶのは、素晴らしいことです。

ただ、今回の「学習熱」を表現するときには、残念ながらheatやfeverは使えません。heatは、温度（気温）が高い状態を表わし、feverは体温が高い状態（つまり病気による発熱）を表わします。

こうしたニュアンス（細かな意味の差異）は、辞書にもきちんと記載されています。たとえば、『ジーニアス英和辞典（第4版）』では、heatの説明に「熱、熱さ；（温かいもの・熱いものの）温度」とあり、feverを調べると「（病気による）熱」とありました（ちなみに、この辞典の第5版ではこの記述がなくなってしまいましたが、こうした親切な説明は私たちユーザーにとって非常にありがたいものでした）。

また、「熱」を表わす英単語にはどのようなものがあり、どう使い分けるのかを手っ取り早く調べるには、和英辞典が便利です。『ジーニアス和英辞典（第3版）』で「熱」を見てみると、heatは「エネルギーとしての熱」、feverは「病気による発熱」ということがただちにわか

ります。

　ただ、最初から和英辞典に頼り切ってしまうと、語彙力の増強にはなっても、「手持ちの語彙で工夫をして英語を書く」という力が伸びにくくなる恐れがあります。

　この「手持ちの語彙で工夫をして英語を書く」という練習こそが、「作文力」の向上につながりますので、しばらくは、和英辞典に触れずに話を進めましょう。

●**平易な英語で書く**

　さて、「学習熱」をどのように表わしたらよいか改めて見ていきましょう。日本語の「熱」から連想されるheatやfeverは使わずに、他の表現を考えてみます。

　ポイントは、単語をそのまま英語に移し替えるのではなく（「学習」や「熱」という語にこだわらず）、和文全体で表わしている状況をイメージすることです。その後で、それを平易な英語で表現しようとするのです。
「学習熱が高い」を、たとえば、「多くの人が学習している、学習したいと思っている」と言い換えてみてはどうでしょう。そうすると、are learningやwant to learnと表現できることがわかります。

　もしくは、are interested in learning（学習に関心がある）などとしてもいいでしょう。こういうふうに、さまざまな言い換えができます。

　次に、「高まっている」は、「学習する人が増えている」「ますます多くの人が学習している」というふうにイメージしてみましょう。その際に、主語をmore and more peopleなどとするとうまく表わせます。

そうすると「アメリカでは中国語の学習熱が高まっている」は、

More and more people want to learn Chinese in the USA.

と書くことができます。これで十分に意図が伝わるでしょう。

　語彙力の不足を嘆（なげ）くのではなく、まず手持ちの単語でどううまく表現するかを考えて英語を書く訓練をしましょう。ここでむずかしい英単語を使う必要はありません。とにかく、知っている単語を並べて書いてみるのです。こうしたコツをつかんで慣れると、なるべくやさしい英語で表現することが、とても楽しくなってきます。
　ポイントは下記の3点です。

1．日本語が伝えようとしている内容と本質をしっかりと理解する（細かなニュアンスを伝える形容句や慣用表現などに、惑（まど）わされない）。
2．本質の伝達に不要な形容句などを取り除き、平易な日本語で表現する。
3．「平易な表現に置き換えた日本語」に対する英語表現を見つける（最善の選択ができなくても、次善の表現でかまわないので、手持ちの語彙から選び出す）。

　このような思考プロセスを身につけるために、「英文和訳」ならぬ「和文和訳」という練習を最初にしてみま

しょう。

●「和文和訳」の重要性

　英語を書く際の秘訣は、日本の中学生が読んでわかるような英文にすることです。文法も語彙も、なるべく中学で習う内容で済ませてしまいましょう。

　複雑な文法を使おうとしたり、構造が込み入った文章を書いたりしようとすると、どこかで齟齬が生じ、通じない英語になってしまいます。

　逆に、中学レベルで英文を書くと、多少の誤りがあっても、もともと平易な内容を表わそうとしているため、大半はなんとか通じるのです。

　英語で何かを伝えたいときは、まず、頭に浮かんだ日本語を、整理してみます。目の前の外国人に対して、やさしい言葉を用いて噛み砕いて教えてあげるときのように、平易な日本語に直してみましょう。

　さきほどの例でいうと、「『学習熱が高まっている』と言っても伝わらないだろう」と気づくのです。もっとやさしい表現で「『たくさんの人が学習している』と言ってあげよう」と思考する感じです。そして、その「やさしい日本語」を改めて英語に直す作業を開始するのです。

　このように、もともとの日本語を、英語に直しやすいやさしい日本語に置き換える作業を、「和文和訳」と呼びます。英文を日本語に訳すかのように、まさに、日本語を別の日本語に「訳す」のです。

　この作業は、日本語だけを使って作業する分、気楽に、楽しく取り組むことができます。たとえば、ニュー

ス番組や新聞の内容を、大人と比べて知識量・語彙量がはるかに少ない小学生に説明するときを想定します。これと同じ感覚で取り組んでみましょう。

　もちろん、相手を「小学生扱い」するわけではありません。ただ、(自分の) 限られた語彙力・表現力を精一杯活用する際の心構えとして、和文和訳から始めるのです。これは大変重要な考え方なので、ぜひ覚えておいてください。そうすることによって、基本的な語だけを使って文を組み立てることができるようになります。

●動詞はいくらでも言い換えができる

　和文和訳で日本語を嚙み砕くことで、たいていの内容は、やさしい英語に変換できるようになります。特に、動詞はいくらでもやさしく言い換えができるのです。

　たとえば、「告知する」なら、やさしく「伝える」と言い換えて、tellを思いつけばOKです。「駆除(くじょ)する」という動詞なら、「取り除く」と言い換えることによって、get rid ofという熟語が頭に浮かぶかもしれません。

　さらに、漢語を大和(やまと)言葉に置き換えてみると、わかりやすくなることもあります。漢語には硬い表現や同音異義語がたくさんあるため、意味伝達のうえで視覚的な要素が大きいのです。これに対して、大和言葉は、日常会話でもよく使われ、耳で聞いてわかりやすいという特長があります。

　例を挙げてみましょう。「身体(しんたい)」と「進退(しんたい)」いう漢語ならば、それぞれ、「からだ」と「やめるかどうか」と言い換えてみるとどうでしょう。こちらのほうが、英語が頭に浮かびやすいのではないで

しょうか。

「からだ」はシンプルにbody、「やめるかどうか」なら、whether to quit or notと表現できます。

●**名詞は覚える**

逆に、名詞はある程度、英単語を覚えていなければどうしようもできない場合があります。特に、具体的な事物を表わす名詞は「やさしく言い換える」ことが困難です。

たとえば、elephantという語を知らずにゾウを話題にするのは、むずかしいでしょう。それでも、ゾウならまだ、「鼻の長い大きな動物」とでも伝えれば、ああ、ゾウのことだな、とわかってもらえるでしょう。でもサイ（rhinoceros）をうまく形容するとなると、途方に暮れてしまいます。

さらに、carがわからずに、「4つのタイヤを使って高速で移動する乗り物だよ。主にガソリンを動力源とするが、最近は電気を蓄えて駆動するタイプが人気のアレだよ、アレ」なんて説明すると、もうクイズ番組ですね。そもそも、このセリフを英語で言えるなら相当な実力者ですが……。

ということは、日本語のある名詞を英語に直す場合には、往々にして「英単語を知らなければどうしようもない」という状況に直面します。

よって、こういうときは、和英辞典にお世話になりましょう。ただし、和英辞典も、使い方を誤ると英語力向上の妨げになることがあります。それについては次でくわしく説明しましょう。

Part B

連想ゲーム

1 「連想ゲーム」で英語につなげる

● 「連想ゲーム」

前節で、「学習熱」を例に挙げ、日本語を英語に直すときには、伝えるべき内容をイメージするとよい、と書きました。頭に浮かんだ日本語を、いったん平易な日本語に置き換える「和文和訳」という作業です。

ただ、この「伝えるべき内容をイメージしましょう、和文和訳をしましょう」というアドバイスは漠然としているかもしれません。文の内容によってはなかなかむずかしく、すぐに英語に結びつけるのが困難な場合もあります。

ここでは、目の前の日本語からどのように英語につなげていくのかを、さらに具体的に見ていきましょう。

キーワードは「連想ゲーム」です。

「その犬は女の子に牙をむいた」

という日本語を英語に直してみます。「犬(dog)」や「女の子(girl)」は対応する英語が頭に浮かんだとして、「牙をむく」はどうでしょう。そんな英単語はこれまでに覚えた記憶がない、という方が多いのではないでしょうか。

しかし、だからといって、あきらめる必要はありませ

第1章 英作文を楽しむ

ん。「これは『牙をむく』という言葉を自分の手持ちの知識でどうにか表現するゲームである」ととらえて、楽しく考えていきましょう。私たちはこの作業を「連想ゲーム」と呼んでいます。

以下が、このゲームの具体的な手順とルールです。

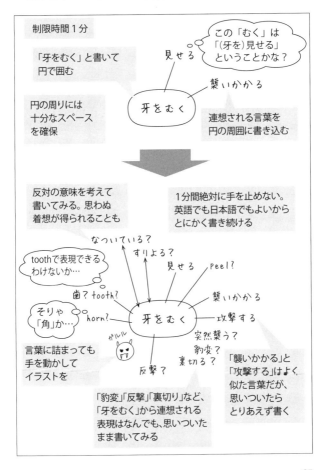

１．連想ゲームの核になる日本語を書き、円で囲む

　広めのスペースの真ん中に少し大きめの字で、英語に直したい日本語（ここでは「牙をむく」）を書きます。そして円で囲んでください。なお、上下左右に書き込みができるようにしましょう。

２．制限時間を決める

　制限時間を短めに設定してください（30秒〜2分程度）。ここでは、「牙をむく」を1分で連想してみます。

３．円内の日本語から連想される言葉を、円の周りにどんどん書き加える

　「牙をむく」から連想される言葉、「牙」「むく」それぞれから連想される言葉をどんどん書き出していきます。連想ゲームに慣れるまでは、質よりも量を重視して、とにかく頭に浮かんだものはすべて書き出すことが大切です。

　「襲いかかる」と「攻撃する」のように、よく似た言葉が浮かんだら両方書きます。たとえ、どう考えても役に立たない言葉であっても、頭に浮かんでしまった以上は潔く書き留めましょう。英語が浮かんだら英語を書いてもいいし、品詞が違ってもかまわず書きましょう。

４．制限時間内は手を動かし続ける

　とにかく、「手を止めないこと」が絶対のルールです。手を止めてしまうと、頭の中で同じ思考がぐるぐると巡って先に進めなくなるからです。「牙をむく」で、牙から「歯」を連想したら、「やれやれ、toothなんて絶

対使えないよな」とため息をつきながらでも、「歯」または"tooth"と書いてみましょう。

　何も連想できなければ、反対の意味の語を書き出してもいいし、言葉が浮かんでこなければイラストでもかまいません。「手を止めたら負け」のゲームだと思ってください。

5．制限時間が来たら手を止め、書き出した言葉から「使えそうな言葉」を改めて探す

　書き出した言葉の中から、英語にできそうな言葉を探します。このときに候補は多ければ多いほどよいでしょう。「襲いかかる」という日本語を見て英語が思い浮かばなくても「攻撃する」という日本語でattackという英単語を思いつくかもしれません。反対の意味の語やイラストから思わぬ着想を得られることもあります。

　ここでは、attack（攻撃する）を使って表現してみましょう。attackを過去形にして、

The dog attacked a girl.

と表現すれば、立派な英文が完成しました。「女の子」はa girl（ある女の子）でもいいし、the girl（その女の子）でもかまいません。

●「連想ゲーム」の効用

　慣れないうちは、30秒から2分という短時間では、2〜3個の言葉を書き出すのが精一杯かもしれません。時

には、書き出した言葉がどれひとつとして英語に直せず、失敗に終わることもあるでしょう。

それでも、めげずに続けていれば、「連想ゲーム」の力が向上します。たくさんの言葉を書き出せるようになるし、書き出した言葉の質も向上します。

ここでいう「質の向上」とは、自分の力でうまく英語に直せそうなものが感覚的にわかってきて、そうした「役に立つ言葉」をいくつも書けるようになるということです。

このように、「連想ゲーム」は、即座に英語に変換できない日本語を、別の日本語に置き換えて、そこから英語に直す作業です。英語の表現力を高めるのに効果絶大の作業で、ゲーム感覚で楽しみながら取り組むことができます。

「方向音痴」「口癖」など、見た瞬間には何も英語が浮かばない日本語表現を、「連想ゲーム」でうまく言い表わせるようになると、目にする日本語をどんどん英語に直したくなってくるでしょう。

ちなみに、「(私は)方向音痴(だ)」なら「いつも迷子になる」と考えて、I'm always getting lost.などと言えばOKです。「～が彼の口癖だ」なら、同じくalwaysを使って、30秒もかからずに、He always says～と処理できるようになります。

●日常生活の中でお手軽トレーニング
「連想ゲーム」で必要なのは「想像力」「発想力」といった大げさなものではありません。日頃からこうした作業

を頭の中で行なっていれば、誰でもできるようになるものです。しかも、日常生活の中で、ほんの少しの心がけで訓練をすることができます。

たとえば、電車に乗っているときに、中吊り広告からキーワードを選び、脳内で連想ゲームをするだけでも、十分な訓練になります。

実際に紙に書き留める必要はありません。目にする日本語の中から、「これは英語でなんと言えばいいのだろう」と疑問に思うものがあれば、その瞬間に連想ゲームを開始してみましょう。1分足らずの時間で楽しくトレーニングができます。

以下に練習問題を掲載していますので、連想ゲームをしてみましょう。英語が頭に浮かばなければ、日本語だけを使った連想ゲームでかまいません。

「連想ゲーム」練習問題

以下の日本語（特に下線部）を英語で表現するために、連想ゲームに挑戦してみましょう。
1. つまらないものですが、どうぞ。
2. その本を読んでいると、新しい考えがひらめいた。
3. 私の早朝ランニングは三日坊主に終わった。
4. 危ない橋は渡らないようにしています。

［解答は次ページから］

●表現例

1. <u>つまらないもの</u>ですが、どうぞ。

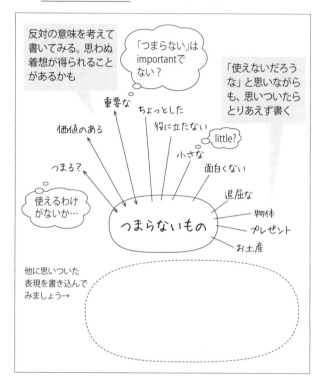

英文例）

This is a little present for you.
（これはあなたへのささやかなプレゼントです）
Here's a little something for you.
（あなたへのちょっとしたものをどうぞ）

第1章 英作文を楽しむ

●表現例

2. その本を読んでいると、新しい考えが<u>ひらめいた</u>。

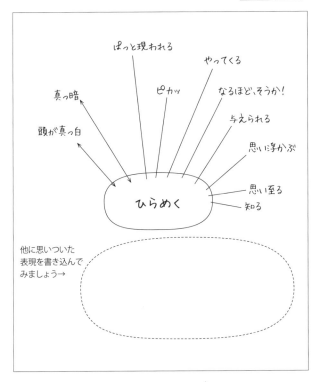

英文例)

A new idea came into my mind when I read the book.
(その本を読んでいると、新しいアイデアが私の頭の中に入ってきた)

The book gave me a new idea.
(その本は私に新しいアイデアを与えてくれた)

●表現例

3. 私の早朝ランニングは<u>三日坊主</u>に終わった。

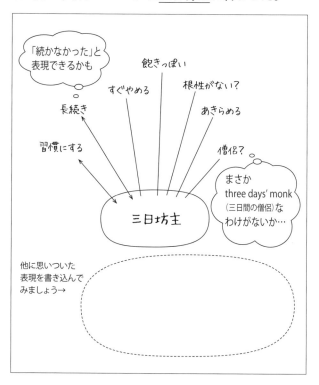

英文例）

After a few days I gave up jogging in the morning.
（数日後、私は朝にジョギングすることをあきらめた）
I started early morning running, but it didn't last long.
（私は早朝ランニングを始めたが、長くは続かなかった）

第1章 英作文を楽しむ

●表現例

4. 危ない橋は渡らないようにしています。

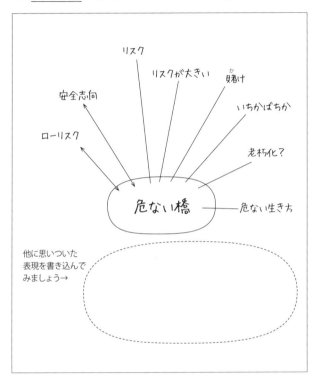

英文例）

I don't want to take any risks.
（私はリスクを取りたくありません）
I don't like to live dangerously.
（私は危険な生き方は好まない）

2 和英辞典の使い方

●和英辞典の使いどころ

　ここまで、和英辞典に触れずに「連想ゲーム」の説明をしてきました。実は、和英辞典を引けば、「連想ゲーム」をしなくてもうまい表現をいろいろと教えてくれます。18ページで取り上げた「熱」を調べると、heat、feverの他にも、temperature（気温、体温）、passion（情熱）などが、用例とともに記載されています。

　ただ、英語を書くときに、真っ先に和英辞典を引く習慣をつけてしまうと、その場では良い英文が書けたとしても、自分で表現する力は養われません。よって、常に「どうやって英語で表現しようか」と考えて、自分で文章を作り上げる経験を積むことが大切です。

　実は、この訓練は、英語のみならず日本語のレポートやプレゼンテーション書類の作成にも役立ちます。いわば一石二鳥の練習法なのです。加えて、時間も場所も不要で、どこでも簡単にできる優れた訓練です。

　本章では「ライティングのコツ」として、連想ゲームを取り上げていますが、これを素早く行なえるようになると、スピーキングでも大いに役立ちます。スピーキングでは、辞書を引き引き、ゆっくりと英文を作り上げるなんてことは不可能だからです。

　ただし、前節でも述べたように、「サイ」「車」など、具体的な事物を表わす名詞は、どんどん辞書を活用し、語彙を増やすことを心がけておくと、使える言葉が増え、表現の幅が広がります。

　逆に、「方向音痴」「口癖」などといった名詞や、動詞

全般では、「連想ゲーム」が大いに力を発揮してくれます。

英語を書く際は、和英辞典を手元に置き、まずは自分で「和文和訳」と「連想ゲーム」をしてみて、そのあとで辞書で確認を取るようにしましょう。自分が「連想ゲーム」で思いついた表現と同じものが、和英辞典に載っていれば、とても嬉しいものです。

特に、和英辞典に記載されている表現で、「なるほど、こんなふうに言えばよいのか」と感心したものは、書き留めて覚えておきましょう。

●進化する和英辞典

皆さんの中には、学生時代に「和英辞典はなるべく使わないように」と指導された方もおられるかもしれません。以前は、英語教師の間では、和英辞典に対する評判は芳(かんば)しいものではありませんでした。和英辞典で提示される英語がどこか不自然だったり、日常会話では使わないような英単語だったり、そもそも知りたい項目が取り上げられていなかったりしたからです。

その中でも、「知りたい項目が取り上げられていない」ということに対する不満は大きかったように思います。英語が得意な人が和英辞典で調べようとするのは、「犬」や「女の子」のようなありきたりな言葉ではなく、「牙をむく」といった、英語教師でも即答に窮(きゅう)するような表現です。

そうした表現になればなるほど、和英辞典に採用されている可能性は低くなり、すがるような気持ちで和英辞典を引き、そのたびに「裏切られた」という思いをする

ことになったのです。それが、和英辞典に対する低評価に結びついていったのかもしれません。

しかし、最近の和英辞典は非常に使い勝手がよくできています。たとえば、『ジーニアス和英辞典（第3版）』で「口癖」を調べると"favorite phrase"（お気に入りのフレーズ）という訳語を提示するとともに、例文でShe is always saying she is busy.（彼女は口癖のように忙しい忙しいと言っている）と平易な英語が紹介されています。

こうした例はたくさんあるのです。同辞典で「つまらない」を調べると、「つまらないものですが、どうぞお収めください」という日本語とともに、"Here's something for you. I hope you like it." という文例も掲載されています。すなわち、「つまらないもの」を直訳した言い方はしない（つまり、「これは価値のないものです」とは表現しない）、ということまで親切に注記されています。

出来が良く評判の良い和英辞典をうまく使って、英語力向上に役立てましょう。

第1章　英作文を楽しむ

Part C
「英借文」の効用

1 英文をストックする

●頭の中の「文のストック」を増やす

さて、言いたいことを平易な英語で表現するために、「和文和訳」「連想ゲーム」という方法を紹介しました。この技をモノにすれば、たいていのことは表現できるようになります。

細かなニュアンスは伝えきれないかもしれませんが、「8割がた通じたらOK」という気持ちで英語を書きましょう。『一生モノの英語勉強法』（57ページ）でも紹介した「不完全法」の活用です。

そして、こうした書き方を実践していると、「日本語を見た瞬間に英語が頭に浮かぶ」という瞬間が少しずつ増えてきます。それは、「以前に書いたことがある英語」が頭の中に蓄積されているからです。

そうなると「和文和訳」や「連想ゲーム」といった手法のお世話にならずに、直接英語が書けるようになります。これが理想形です。

実際に、私たちが日本語を話したり書いたりするときには（そしてもちろんネイティブスピーカーが英語を話したり書いたりするときにも）、頭の中にある膨大なストックから、複数の文を取り出します。

そして、それらをそのまま発したり、一部を加工して発したりしているのです。単語をひとつひとつ取り出し

て文法に則して並べ、その場で新規の文を生成しているのではありません。

　膨大な「文のストック」から適切な表現を取り出して再生することによって、素早く言葉を紡いだり、それを素早く理解したりすることが可能になるのです。

　もちろん、知っている言葉が多いほど、使える表現も多彩になります。よって最終的に、スピーキング力を高めるためには、この「文のストック」を増やしていく必要があります。

●英借文とは

　英語指導の現場では、英作文ならぬ「英借文（えいしゃくぶん）」という言葉があります。なんとなく笑いを誘う言葉ですが、英語を書く際の極意を表わしています。つまり、英文は作り出すものではなく、よそから借りてくるものだということです。

　「連想ゲーム」は、適切な表現を自分で捻り出して、文を作るための技です。多少の不自然さはあっても、なんとか通じる英語を書くことができます。

　しかし、「英借文」ができれば、自然な英語を瞬時に書き、話すことができるのです。なんといっても、もともとネイティブスピーカーが書いた文を拝借してそのまま再生するのですから、使う場面さえ間違えなければ「絶対に通じる」と自信を持って書くことができます。

　一文を丸ごと借りて再生するだけでなく、2つの英文の前後をつなぎ合わせるのです。さらに、文の一部の語を文脈に合わせて入れ替えたりすることで、あらゆる事柄を表現できるようになります。

実際、鎌田は国際会議に出るとスピーキングでこれを活用しています。ネイティブスピーカーと会話するときには、必ず相手のしゃべった単語や言い回しを使います。つまり、自分が10秒前に聞いた言い回しをすぐに用いて、文章を組み立てるのです。

その際、ネイティブスピーカーの発音からイントネーションまで、そのまま借りてきます。時には、相手の英語の構文をそのまま借用して、主語と目的語だけ変えるのです。こうして話をすると、ビックリするほどよく通じます。

この「オウム返し話法」を、ぜひ試していただきたいと思います。

2 例文収集の方法

●英借文用の例文収集

「英借文」を実践するためには、さまざまな英文を頭に入れておかなければなりません。英語の例文を大量に覚える、となるとなんだかとても大変そうです。

しかし、自分が関心のある分野や自分の仕事に関連のある分野など、「近い将来実際に使えそうな英文」を選んで覚えると、モチベーションも上がります。

ここで英語の例文を覚える方法をいくつか見てみましょう。

1. 例文集を覚える

英語学習書にある例文を地道に覚えるパターンです。参考書や問題集では、英語学習の効果を最大限にするた

めに、必要な文法項目を網羅してくれていたり、やさしい単語で文を構成してくれていたりしています。

こうして学習しやすい工夫がされている反面、学習を継続するためのモチベーションの維持に努力が要ります。挫折しないようにするためには、英語学習の同志とともに、ペースを決めて学習を進め、定期的に報告しあうとか、自作のテストで「テスト会」を開催するなどの仕掛けが効果的です。

なお、この「テスト会」については『一生モノの英語勉強法』（225ページ）でくわしく説明しましたので、参考にしてください。

2. 手紙文例集を覚える

ネイティブスピーカーと手紙や電子メールでやり取りする人は、その機会を大いに活用できます。日頃から、相手の書いた文章の中で「これは使えそう」というものを書き出して、覚えるといいでしょう。

ただし、私的な手紙やメールだと、スラング（俗語）が使われている場合が多々あります。スラングは親しい人間関係には役立ちますが、不用意に使うと印象を著しく損なう危険性もありますので、注意が必要です。

相手の使う表現がスラングかどうか判断できないこともあります（日本人が使ってもいい表現かどうか、も含めて、です）。したがって、「使える表現を確実に覚えたい」という場合は、市販の「手紙文例集」などを参考にしましょう。

この場合も、収録された英文を片っ端から覚えるのは得策とは言えません。文例集から、実際に使いたい表現

を抜き出して覚えるとよいでしょう。

3. 辞書の例文を書き出して覚える

「和文和訳」や「連想ゲーム」をしながら和英辞典を引いて、なるほどと思う表現があれば、書き出して覚えましょう。

　その際は、語句をそのまま書き出すのではなく、なるべく、完成した文の形で書き出します。具体的には、辞書の例文をそのまま抜き出してしまうのがよいでしょう。こうして自作の例文集ができあがります。

4. 記事やインタビューなどを覚える

　お気に入りの社説や、著名人のインタビューを丸ごと覚えてしまう方法もあります。関心のある分野の英文なら、楽しみながら覚えられ、かつ、定着度も高まります。もちろん、全部ではなく気に入った一節だけを部分的に覚えるのでかまいません。

5. 映画のセリフを抜き出して覚える

　日本語音声＋英語字幕というちょっと変わった組み合わせで洋画を視聴して、セリフを抜き出す方法です。これは次でくわしく解説します。

●洋画のちょっと変わった活用法

　英語学習に洋画を活用するとなると、英語を聞いてリスニング力を鍛える方法が一般的でしょう。楽しみながら学べるという点で、これは非常に有効な学習法ですが、映画のリスニングは意外にむずかしいものです。た

とえば、1本の映画で2～3のセリフが聞き取れたら十分です。

ここでは、少し変わった映画活用法をご紹介します。洋画を利用はしますが、リスニング力の向上を目指すのではありません。むしろ例文収集に活用し、英語の表現力を高める方法として使うのです。

洋画DVD（またはブルーレイディスク）では、たいてい、音声（英語または日本語）と字幕（英語または日本語）をそれぞれ別に選べるようになっています。ここで、音声を日本語、字幕を英語に設定して、映画を視聴してください。

字幕が表示されて消えていくスピードはかなり速いので、目で追って読むのが大変です。よって英語字幕は視界の端に入れる程度で、基本的には日本語音声で映画を楽しみます。

そうすると、ときどき、シンプルな英語が字幕で表示されることがあります。目の端でとらえた瞬間に理解できるくらいの英文です。そのときが例文収集のチャンスです。

耳に入ってきた日本語と、字幕で表示されている英語

を比べて、「なるほど」と思うものがあれば、一時停止を押してください。そして日本語と英語の両方を書き留めてください。あまり頻繁(ひんぱん)に実践すると肝心の映画が楽しめませんから、1本の映画で数本の例文が収集できれば十分です。

　実は、前節で紹介した「口癖」と「方向音痴」は、『ナイトミュージアム2』という映画から実際に収集した英語なのです。

「わたしの口癖は」という日本語が聞こえてきたときに、

I always say 〜

と英語字幕が表示され、「わたし、方向音痴なの」という日本語が聞こえてきたときに、

I'm always getting lost.

と英語字幕が表示されていました。

　どちらも、「連想ゲーム」で思い至る表現ですが、実際に使われているのを目にすると、強く記憶に残ります。自分のお気に入りの映画でぜひ実践してみてください。

　さらに、リスニング力を鍛えるのであれば、日本語音声で映画の内容がわかった後で、英語音声に切り替えて再度視聴するのです。これを繰り返していくと、そのうちに聞き取れる部分が大幅に増えていくでしょう。

第2章
文法に強くなる

パリ中心部にある芸術の香気漂うモンマルトル地区。ビジネス上の不利を避けるため、フランスが「フランス語至上主義」を撤回して英語を使うように方針を変えてから、街中の英会話もきわめてスムーズになった。鎌田浩毅撮影。

文法とは、単語を「適切な形」で、「適切な順番」に並べる際のルール集です。ただし、ここでいう「ルール」とは、権威ある誰かが定めた「規定」ではありません。たくさんの人々がその言語を使っていく中で、長い時間をかけて自然と構築されてきた「お約束」です。

　つまり、文法とは、文法学者が定めた「守らなければ罰せられる法」ではなく、「みんなはこんなふうに話していますよ」と、わかりやすく整理して記述された「ガイドブック」なのです。

　文法と聞くとアレルギーを起こす人が必ずいます。「ややこしくて面倒だ」という印象を持っている人もいるかもしれません。でも文法というガイドブックがあるからこそ、言語の学習が圧倒的に「楽に」なっているのです。

　細かなルールまで気にし始めると、ちょっと面倒ですが、皆さんに必要なのは、日常生活で英語を使いこなす際に必要となる「基礎知識」としての英文法です。

　よって、本来は、さほど時間をかけずに習得できるものなのです。本章では、実際に英文法を学びながら「文法に強くなる」ことを目指します。

　なお、参考書や問題集の選び方、学習の進め方などの具体的な方法は『一生モノの英語勉強法』第3章「本当は『おもしろい』英文法」(65ページ) に詳述しています。

　ここでは、実際に簡単な文法問題を解いていただきましょう。全10題で、すべて三択問題ですから、気楽に解答してください。

　問題は、《基礎編》と《発展編》に分かれています。

《基礎編》で4題以上、《発展編》で3題以上正解すれば、申し分のない文法力があると言えます。

逆に、正答数が少なくても気にしないでください。各問題に詳細な**解説**をつけていますので、これらを読めば、そこで取り上げた文法項目の本質が理解できるようになっています。

たった10題ですが、すべて精選した問題です。ここにある文法を理解するだけで、英語の読みがぐっと正確になるでしょう。皆さんの英語力を一気に向上させる10題なのです。

Part A

文法力診断テスト《基礎編》

まずは、次ページにある《基礎編》の5題を解答してください。"中学英文法"からの出題です。

文法力診断テスト《基礎編》

それぞれの空所に入れるべき最も適切な語句を①〜③から選びなさい。

(1) She needs someone (　　) support her when she's down.
　　①with
　　②to
　　③who

(2) After (　　) all day, he didn't have the strength to try to teach his son.
　　①run
　　②traveled
　　③working

(3) You believe (　　) money is everything, don't you?
　　①some
　　②any
　　③that

(4) Nothing (　　) given to the scientist.
　　①was
　　②has
　　③to be

(5) I'm looking for a person (　　) speaks two languages.
　① who
　② and
　③ to

解答したら次のページへどうぞ→

文法力診断テスト≪基礎編≫ 答え
(1) ② to   (2) ③ working   (3) ③ that
(4) ① was   (5) ① who

《基礎編》 4題以上正解 ⇒ ☺

問題(1) She needs someone (②to) support her when she's down.
　　　　彼女には、落ち込んだときに支えてくれる人が必要だ。

重要文法1　**不定詞**（直前の名詞を説明する不定詞：形容詞的用法）

　someone（誰か）の直後に to support her（彼女を支える）という不定詞（to + 動詞の原形。なお本書では to V と表記します）が続いて、「彼女を支える誰か」という意味を成しています。

　このように、不定詞が名詞のあとに続くと、「～する名詞」という意味になります（不定詞が名詞を修飾[説明]する形容詞の働きをするので、この不定詞を形容詞的用法と呼びます）。

名詞 to V 「V する 名詞」
　　　　文脈に合わせて「V するための 名詞、V するべき 名詞」
　　　　などと訳す場合も多い。

　たとえば、a book（本）に「電車で読む」という表現を加えて「電車で読む本」としたければ、a book の直後に不定詞を続けて、

50

第 2 章　文法に強くなる

|a book| to read on the train

とします。

　この他にも、不定詞にはさまざまな使い方があります。以下に簡単にまとめましたので、参考にしてください。

名詞的用法　　　to V「Vすること」
　My advice is to learn another language.
　（私のアドバイスは、別の言語を学ぶというものです）

形容詞的用法　|名| to V「Vする（ための／べき）|名|」
　Will you lend me something to write with?
　（何か書く物を貸してくれませんか）

副詞的用法
① |文| to V「Vするために |文|」
　I got up early to catch the train.
　（私は列車に間に合うように早く起きた）
② |文| to V「Vして |文|（嬉しい など）」
　I'm happy to hear the news.
　（その知らせを聞いて嬉しい）
③ |文| to V「Vするなんて |文|」
　He is crazy to go out in this weather.
　（こんな天候の中を出かけるなんて彼はどうかしている）
④ |文| to V「|文| そしてVする」
　He grew up to be a great man.
　（彼は成長して偉大な人になった）
⑤ |形| to V　「Vするのが |形|、Vするには |形|」
　This book is easy to read.（この本は読みやすい）

動詞との組み合わせ（動詞の語法）
　|動| O to V「OがVするように |動| する」など
　I told him to apologize to her.
　（私は彼に、彼女に謝るよう言った）

選択肢③whoも空所に入りそうに見えますが、someone whoの後ろに動詞を続けるとなると、たとえば、

someone who supports her（彼女を支えている誰か）
someone who supported her（彼女を支えていた誰か）
someone who can support her（彼女を支えられる誰か）

などと、主語someoneに対応する述部の形にしなければなりません。someoneは三人称単数ですので、原形のsupportを続けることはできません。

問題（２）After (③working) all day, he didn't have the strength to try to teach his son.
　　　　　彼は、一日中働いたあとで、息子に勉強を教える力は残っていなかった。

重要文法2　動名詞

「〜すること」を表わす動名詞（動詞のing形です。本書ではVingと表記します）の問題です。after（〜のあとで）の後ろには「文」か「名詞・代名詞」を続けるというルールがあります。afterには「接続詞」と「前置詞」の働きがあり、「接続詞」の場合は後ろに「文」を続け、「前置詞」の場合には後ろに「名詞・代名詞」を続けるのです。

第2章　文法に強くなる

> after + 文 ：after he came home
> 　　　　　　（彼が帰宅したあとで）
> （このafterは「接続詞」と呼ばれます）
>
> after + 名詞 ：after dinner
> 　　　　　　（夕食のあとで）
> （このafterは「前置詞」と呼ばれます）

そして、「動名詞」は、読んで字のごとく、文中で「名詞」の働きをしますから、afterの後ろでも、「名詞」の代わりに「動名詞」を続けることができます。

> after + 動名詞 ：after coming home
> 　　　　　　（帰宅したあとで）

本問では、after working all dayで、「一日中働いたあとで」という意味を形成しています。afterの後ろは「文」か「名詞・代名詞」を続けるルールですから、①run（原形・過去分詞）、②traveled（過去形・過去分詞）を置くことはできません。

なお、第1問で取り上げた不定詞も「～すること」という意味を持ちます。つまり、「働くこと」ならto workでも、workingでも表現できるのですが、afterのような前置詞の後ろでは不定詞を用いることができないというルールがあります。

以下に、覚えておくと便利な前置詞＋動名詞の例を挙げておきます。

after Ving	「Vしたあとで」
before Ving	「Vする前に」
by Ving	「Vすることによって」
without Ving	「Vせずに」
Thank you for Ving.	「Vしてくれてありがとう。」
How about Ving〜?	「Vするのはいかがですか。」

問題（3） You believe (③that) money is everything, don't you?

君はお金がすべてだと思っているんだね。

重要文法3 接続詞 that

　文の前に置いて、その文をまとめる役割をする語を「接続詞」と呼びます。たとえば、He came home.（彼が帰宅した）の前に、接続詞 after（〜のあとで）をつけると、

after he came home（彼が帰宅したあとで）

となり、接続詞 that（〜ということ）をつけると、

that he came home（彼が帰宅したということ）

という意味になります。after（〜のあとで）がつくと、その文は「時」を表わす表現になり、that（〜ということ）がつくと、文が名詞化されます。

　たとえば、動詞を名詞化する場合には、前述したよう

に、「不定詞」あるいは「動名詞」を用います。要するに、「速く走る」run fast を「速く走ること」としたければ、to run fast あるいは running fast と表現します。
「彼が速く走る」He runs fast. という文を名詞化したい場合には、文の前に接続詞 that をつけるのです。that he runs fast とすると「彼が速く走るということ」という意味になります。

本問では、Money is everything.(お金がすべてだ)という文の前に that をつけて、「お金がすべてだということ」という意味を形成しています。

that には大きく分けて、

---

①「あれ、あの～」となにかを指す
　例）that bag（あのカバン）
②「～ということ」と文をまとめる（文を名詞化する）
　例）that she bought a bag
　　　（彼女がカバンを買ったということ）
③前の名詞を修飾する関係代名詞の働きをする
　例）the bag that she bought
　　　（彼女が買ったカバン）

という3つの働きがあります。
なお、関係代名詞については（5）を参照してください。

問題（4） Nothing (①was) given to the scientist.
その科学者には何も与えられなかった。

重要文法4　受動態

「〜される」と受け身の意味を表わすには、be動詞＋過去分詞（本書ではVp.p.と表記します）という形を用います。この形を受動態と呼びます。

　過去分詞が「Vされる、Vされた」という意味を持つのですが、過去分詞単独では述部になれず、必ずbe動詞の助けを必要とします。

　これは、過去分詞が「形容詞」の働きをするからである、ととらえてください。そして、そのbe動詞が時制を表わします。

形容詞を用いた文の例)
「英語は簡単だ」　　○ English is easy.（be動詞が必要）
　　　　　　　　　　× English easy.

過去分詞を用いた受動態の例)
「英語が話される」　○ English is spoken.（be動詞が必要）
　　　　　　　　　　× English spoken.

受動態　：　be動詞 ＋ Vp.p.　「Vされる」

受動態ではbe動詞が時制を表わす

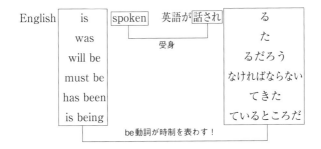

問題（5） I'm looking for a person (①who) speaks two languages.

私は二カ国語を話す人物を探している。

重要文法5　関係代名詞

I'm looking for a person.で「私は人を探している」という意味になります。

空所の後ろにあるspeaks two languages（二カ国語を話す）は、a personを説明する語句であると考えて、空所に何が入るかを考えましょう。

whoには、「誰」と問う、疑問詞としての働きのほかに、「関係代名詞」としての用法があります。

---
who　①[疑問詞]　「誰」
　　　②[関係代名詞]　人 who V の形で「Vする人」

関係代名詞whoは、who以下の文（ここではspeaks two languages）を直前の名詞（ここではa person）の

説明（どんな人物か）として、くっつける働きをします。

　少し日本語で考えてみたいと思います。たとえば、

「少女は昨日ピアノを弾いた。」

というとこれは文になりますが、「少女」を後ろに移動させて、

「昨日ピアノを弾いた少女」

とするとどうでしょうか。「昨日ピアノを弾いた」という部分が「少女」を説明しています。つまり、「どんな少女かというと（どの少女かというと）昨日ピアノを弾いた少女だ」という表現です。

　これと同じことを、英語で表現してみます。まず、「（その）少女は昨日ピアノを弾いた」を英語で表わすと、

The girl played the piano yesterday.

となります。次に、「昨日ピアノを弾いた少女」を表わす場合には、the girlとplayedの間にwhoを置いて、

the girl who played the piano yesterday

とします。the girl playedだと「少女が弾いた」となり、the girl who playedだと「弾いた少女」となるのです。

本問では、who speaks two languagesが「どんな人物かというと、二カ国語を話す人物だ」と、直前のa personを説明しているのです。

A person speaks two languages.
(ある人が二カ国語を話す)

と、whoを用いた、

a person who speaks two languages
(二カ国語を話す人)

とでは、前者が「完成した文」であるのに対し、後者は「修飾語句のついた名詞」にすぎません。
　関係代名詞whoは「『人』を表わす名詞」を修飾します。つまり、

「二カ国語を話す男性」
　→　a man who speaks two languages
「二カ国語を話す女の子」
　→　a girl who speaks two languages

となりますが、「二カ国語を話すロボット」という場合には、ロボットは「人」ではないのでwhoの代わりにthat（またはwhich）を用いて、

「二カ国語を話すロボット」
　→　a robot that [which] speaks two languages

となります。

　また、本問で、空所に選択肢③toを入れて不定詞を作るには、後ろの動詞が原形でなければなりません。ここでは、三単現のsがついたspeaksが用いられているので、不定詞を作ることはできません。

第2章 文法に強くなる

《基礎編》のまとめ

以下では、これまで習ったことを復習しておきましょう。

重要文法1 不定詞　　重要文法2 動名詞

不定詞（to V）と動名詞（Ving）のまとめ

名詞的用法	to V「Vすること」= Ving（動名詞）	
形容詞的用法	名 to V「Vする（ための／べき）名」	
副詞的用法	① 文 to V「Vするために 文 」	
	② 文 to V「Vして 文 （嬉しい など）」	
	③ 文 to V「Vするなんて 文 」	
	④ 文 to V「 文 そしてVする」	
	⑤ 形 to V「Vするのが形、Vするには形」	
動詞との組み合わせ（動詞の語法）		
	動 O to V「OがVするように動する」など	

不定詞の名詞的用法は動名詞と同じ意味。
ただし、前置詞の後ろでは動名詞を用いる。

前置詞＋動名詞

after Ving	「Vしたあとで」 ✘ after to V
before Ving	「Vする前に」 ✘ before to V
by Ving	「Vすることによって」
	✘ by to V
without Ving	「Vせずに」 ✘ without to V
Thank you for Ving.	「Vしてくれてありがとう。」
	✘ Thank you for to V.
How about Ving〜？	「Vするのはいかがですか。」
	✘ How about to V〜？

重要文法3　接続詞 that

① 「あれ、あの〜」となにかを指す
　例) that bag（あのカバン）
② 「〜ということ」と文をまとめる（文を名詞化する）
　例) that she bought a bag
　　　（彼女がカバンを買ったということ）
③ 前の名詞を修飾する関係代名詞の働きをする
　例) the bag that she bought（彼女が買ったカバン）

重要文法4　受動態

重要文法5　関係代名詞

関係代名詞（主格）

| 人 who V | 「Vする 人」 |
| 物 that [which] V | 「Vする 物」 |

それでは、《発展編》の問題に進みましょう。

Part B

文法力診断テスト《発展編》

　ここから《発展編》です。前節の《基礎編》と同じように、次の5題の問題に解答してください。

　今回は、主に"高校英文法"からの出題です。《基礎編》よりはむずかしく感じるかもしれませんが、この《発展編》の内容が習得できると、読める英文のレベルがぐっと上がります。また、英語を書くときの表現の幅も広がるでしょう。

　とても重要な単元からの精選5題ですから、**解説**を読むだけで英語力が確実にアップするのです。

文法力診断テスト《発展編》

それぞれの空所に入れるべき最も適切な語句を、①～③から選びなさい。

(6) I (　　) the task just an hour ago.
　①finished
　②have finished
　③am finishing

(7) He (　　) the PC yesterday.
　①was broken
　②has broken
　③may have broken

(8) "Yes?" the lady said, (   ) the door.
　①opened
　②opening
　③and open

(9) If I (   ) you, I would not do the same thing.
　①know
　②depend on
　③were

(10) My father continued to believe the story (   ) true until his death.
　①being
　②to be
　③in

解答したら次のページへどうぞ→

第2章　文法に強くなる

文法力診断テスト≪発展編≫　答え
(6) ① finished　(7) ③ may have broken
(8) ② opening　(9) ③ were　(10) ② to be

《発展編》 3題以上正解 ⇒ ☺

問題（6）I (① finished) the task just an hour ago.
　　　　私はほんの1時間前にその仕事を終えた。

重要文法6　現在完了

この問題の正答は、過去形の①finishedです。

完成したI finished the task just an hour ago.という文は、過去形を用いたシンプルな文です。しかし、選択肢に②have finishedなどの「現在完了」が混ざっていると、がぜんむずかしい問題になります。

つまり、「この文では現在完了は使えない」と判断できるかどうかがポイントの問題なのです。ここでは、現在完了のとらえ方を見てみましょう。

現在完了は、「過去からの動作や状態が現在にまで続いていることを述べる」とか「過去に行なった動作を現在と関連付けて述べる」などと説明されます。

そして、この現在完了には「継続」「経験」「完了」「結果」を表わす用法があり、参考書などでは、次の表のようにまとめられています。

65

現在完了の用法と意味

	have Vp.p.
①継続	（ずっと）Vしている
②経験	Vしたことがある
③完了	Vしたところだ
④結果	Vして（しまって）いる

　この表を覚えれば現在完了は自由に使いこなせます。
　ただ、「過去に行なった動作を現在と関連付ける」という説明では、「現在完了とは何か？」をうまく表わせていません。よって、もう少し現在完了の本質を理解するために、簡単な作文をしてみましょう。
　I（私）を主語にして、現在完了の文章をどんどん作って書いてみてください。

I have lived…	（私は～にずっと住んでいる）
I have known…	（私は～をずっと知っている）
I have eaten…	（私は～を食べたことがある）
I have visited…	（私は～を訪問したところだ）
I have lost…	（私は～をなくしてしまっている）
I have not met…	（私は～にずっと会っていない）
I have never talked…	（私は～と話したことがない）
︙	

と、こんな感じです。
「継続」、「経験」、「完了」を表わす文、はたまた、「肯定文」や「否定文」などさまざまな文があります。これ

らの現在完了の文すべてには、大切な共通点がひとつあります。それは、どの文も、「今の私は……」と、現在の主語の様子を表わしているということです。

　現在完了というのは、「過去に何があったか」ではなく、あくまでも「現在の様子」を表わすのです。解釈をする際に、「今の〇〇は〜」と読むと、現在完了の感覚が身につきやすくなります。

I have finished the task.

ならば、「今の私はその仕事（過去に始めた仕事）を終えている状態だ」という意味です。

　その仕事を終えたのが昨日なのか、それとも5分前なのかは、問題ではありません。「今の私」の状態を述べているのです。

　ということは、逆に、「昨日終えたんだ」とか「5分前に終えたんだ」と伝える場合には、

I finished the task yesterday. / I finished the task five minutes ago.

と、過去形のfinishedを用います。すなわち、「過去のある時点の私が何をしたか」を表わすのは、過去形を用いた文章です。

　つまり、
　×　I have finished the task yesterday.

× I have finished the task five minutes ago.

とは言えませんので、注意しましょう。今回の問題もjust an hour ago（ほんの1時間前）という語句から「過去の話」であるとわかるので、現在完了は使えないのです。

過去完了のとらえ方

続けて、「過去完了」の話をしましょう。

過去完了とは、現在完了のhaveをhadに変えて、had Vp.p.という形にしたものです。

過去完了は、「今の○○は〜」ではなく、「そのときの○○は〜」と解釈できます。lose my key（鍵をなくす）を用いて、現在完了、過去、過去完了で文を作り、その違いを味わってみましょう。

現在完了

I have lost my key.（鍵をなくして、今困っている）

（過去に鍵をなくし、今も見つからないままで困っている状態）

過去

I lost my key.（そのときちょうど鍵をなくした）

（過去に鍵をなくしたという事実を述べており、今鍵が見つかっているかどうかは不明）

過去完了

I had lost my key.（鍵をなくして、そのとき困っていた）

(過去のある一時点よりも以前に鍵をなくし、その過去の一時点でもまだ見つからない状態で困っていた)

ちなみに、I lose my key. と、現在形を用いると別の意味になってしまいます。「私は(普段よく)鍵をなくす」と、繰り返しなくしていることになるからです。

現在完了と過去完了をまとめると、次のようになります。現在完了は「今の様子」を述べ、過去完了は「そのときの様子」を述べる、と覚えておくと便利です。

	have Vp.p.	had Vp.p.
①継続	今の○○は (ずっと) V している	そのときの○○は (ずっと) V していた
②経験	今の○○は V したことがある	そのときの○○は V したことがあった
③完了	今の○○は V したところだ	そのときの○○は V したところだった
④結果	今の○○は V して(しまって)いる	そのときの○○は V して(しまって)いた

問題(7) He (③may have broken) the PC yesterday.
彼は昨日パソコンを壊したかもしれない。

重要文法7 have Vp.p. のもうひとつの用法

have Vp.p. にはもうひとつ特殊な用法があります。それは、「過去を表わす」というものです。ここまでに解

説してきた現在完了とはまったく異質のものですから、区別してください。

英語には、「過去」を表わす形式が実は2つあります。ひとつは、ご存じの過去形です。break（壊す）なら、過去形はbrokeですから、「彼は昨日パソコンを壊した」を英語にすると、

He broke the PC yesterday.

となります。

では、「壊した」に「かもしれない」を付け足して「彼は昨日パソコンを壊したかもしれない」ならどうでしょう。「かもしれない」はmayという助動詞を用います。助動詞は動詞の前に置きますが、

×　He may broke the PC yesterday.

とは言えません。can、will、mayなど助動詞の後ろには必ず「動詞の原形」を続けなければならず、過去形brokeが使えません。そこで登場するのが、過去を表わす2つめの形have brokenです。

「過去」を表わしたいのに「過去形」が使えない。英語では、そんな場面では、have V p.p.を使うのです。さきほど、「現在完了は『現在』を表わす」と説明したのとは少し違いますが、have V p.p.の2つめの用法と覚えてください。

したがって、「彼は昨日パソコンを壊したかもしれない」は、

He may <u>have broken</u> the PC yesterday.

となります。

この「過去を表わす have Vp.p.」は、今回のように過去形が使えない場合のみ現われます。つまり、may（かもしれない）を除いて、

× He <u>has broken</u> the PC yesterday.

とすることはできません。最初に見たように、broke を用いて、

○　He <u>broke</u> the PC yesterday.

となるのです。
　ここで一度まとめておきましょう。

英語には「過去」を表わす形式が2つある！

「〜した」 ⇒ ①過去形
　　　　　 ⇒ ②have Vp.p. (①<u>過去形が使えない場合のみ</u>)

　　　　　　　　　　　　　助動詞の後ろ、不定詞、動名詞　など

例）「壊した」
　⇒ ①broke　　　　←これが基本
　⇒ ②have broken　←broke が使えない場合はこちら

　助動詞の後ろ「壊したかもしれない」
　　　　　　　　　　× may broke　 ⇒ ○may have broken
　不定詞「壊した<u>こと</u>」× to broke　 ⇒ ○to have broken
　動名詞「壊した<u>こと</u>」× broking　　 ⇒ ○having broken

過去を表わす文の中で、「さらに過去のこと」を言う際にも、この原理を応用します。すなわち、「過去よりもさらに過去」を表わす際には、had Vp.p.を用いるのです。
　これは、過去完了の用法の中で「大過去」と呼ばれているものです。用例をひとつ見ておきましょう。

「彼が昨日買った傘」は単純に過去形を用いて、

the umbrella that he bought yesterday

としますが、「彼は前日に買った傘を壊した」を英語にするときには、

He broke the umbrella that he had bought the day before.

と、had boughtを用います。これは、「壊したときよりもさらに過去に買った」ということを意味しているのです。
　なお、the day beforeは「前日」という意味です。yesterdayが「今日を基準にして前日（＝昨日）」であるのに対し、the day beforeは「過去のある時点を基準にして前日」を表わしています。

　ここまでの話をすべて表にまとめると次のようになります。

	have Vp.p.	had Vp.p.
①継続	(ずっと) V している	(ずっと) V していた
②経験	V したことがある	V したことがあった
③完了	V したところだ	V したところだった
④結果	V して(しまって)いる	V して(しまって)いた
⑤過去	過去 V した ＊過去形が使えない場合のみ使用	大過去 V した

問題（8）"Yes?" the lady said, (②opening) the door.
「どなた？」と女性は言って、ドアを開けた。

重要文法8 分詞構文

次のように、文の前に、Vingがポンと置かれることがあります。

<u>Seeing the pictures</u>, I remembered my school days.
(それらの写真を見ると、私は学生時代を思い出した)

このSeeing the picturesの部分は、「分詞構文」と呼ばれます。分詞構文というのは、文に何かしらの説明を付け加える働きをします。

ここでは、「そして」と解釈し、後ろの文につなげて読めば問題ありません。「写真を見る」→「そして」→「思い出す」といった感覚で読んでください。

逆に、文の後ろにVingを置いても、「そして」でつながります。

I saw the pictures, remembering my school days.
(私はそれらの写真を見て、学生時代を思い出した)

　この文も、「写真を見る」→「そして」→「思い出す」と順に読んで解釈してください。
　分詞構文は文に説明を付け加える副詞の働きをし、「そして」以外の解釈をすることもあります。どのようなつながり方で解釈をするかは、文脈によります。他の例を見てみましょう。

Having a fever, I went to bed early last night.

　これもまずは「そして」でつないで、「熱がある」→「そして」→「早く寝る」と解釈しましょう。
「熱があり、私は昨夜早く寝た」とでも訳せば十分に意味は通じます。ただ、この文脈では「〜なので」と解釈し、「熱があったので、私は昨夜早く寝た」と読むこともできます。

　分詞構文とは「文の前または後ろに分詞がポンと置かれて、文に説明を付け加える」というものです。文に加える説明は、文脈によって、「〜なので」「〜すると」「〜しながら」などさまざまです。
　この「あいまいさ」が分詞構文の特徴であり、味わいでもあるのですが、シンプルにまとめると、次のようになります。

第2章 文法に強くなる

分詞構文（文の前後にVingが置かれた形。前か後ろかで解釈が若干異なる）

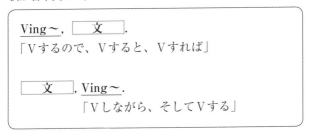

また、「分詞」構文ですから、Ving（現在分詞）以外にVp.p.（過去分詞）が置かれることもあります。その場合には、受動の意味でとらえ、「サレルノデ、サレルト、サレレバ」と解釈します。また、文の後ろに置かれたら「サレナガラ、ソシテ〜サレル」と解釈してください。

本問では、opening the doorという分詞構文が、文の後ろに置かれて、「そして、ドアを開けた」という意味を表わしています。

なお、選択肢③and openは、時制を過去にして、and openedなら文が成立します。つまり、①openedにandをつけた形です。

"Yes?" the lady said, (②opening) the door.
= "Yes?" the lady said, and opened the door.

問題（9） If I (③were) you, I would not do the same thing.
　　　　もし私があなたなら、同じことはしません。

75

重要文法9　仮定法

　ここから「仮定法」という英語特有の言い回しを取り上げます。仮定法というのは、「(現実にはありえないけれども) もし〜ならば」と仮定する際に用いるルールのことを言います。if (もし) を使った文で説明してみましょう。

　まず、「もし〜ならば」という表現は、「ありえる内容」か、「ありえない (事実に反する) 内容」かで、2つに分類することができます。たとえば、以下の例を見てください。

「もし知っていれば」→A:「知っている可能性がある」
　　　　　　　　　　→B:「知っている可能性がない」

A：(道に迷った「私たち」が男性を見かけて)
　「もしあの男性が道を知っていれば、
　　私たちに教えてくれるだろう」

B：(「私」が道を尋ねられて)
　「もし私が道を知っていれば、
　　あなたたちに教えるだろうに」

この2つの文にはどちらも「もし道を知っていれば」とありますが、「可能性の有無」に違いがあります。上の文では、「あの男性」が道を知っているかどうかは不明であるのに対し（つまり、あの男性が道を知っている可能性がある）、下の文では「私」は道を知らないことを前提に述べています（つまり、私が道を知っている可能性はない）。

　英語では、この「可能性の有無」によって、文の動詞の形が変わるのです。

　まずは、

A：もしあの男性が道を知っていれば、私たちに教えてくれるだろう。
　　（あの男性が道を知っている可能性がある）

を英語にすると、

◯　If that man knows the way, he will tell it to us.

となります。

　この文をもとにして、「あの男性」を「私」に、「私たち」を「あなたたち」に変換してみます（that man→I, us→you）。

B：もし私が道を知っていれば、あなたたちに教えるだろうに。

（私が道を知っている可能性はない）

× If I know the way, I will tell it to you.

一見、これで問題なく文が完成したように思えるのですが、英語では「可能性がないことをあえて『もし』と仮定する場合には、時制をひとつ古くする」というルールがあります。

「時制をひとつ古くする」というのは、「現在のことなら過去形で表わす」ということです。ここでは、knowではなくknew、willではなくwouldを用い、

○ If I knew the way, I would tell it to you.

とすると正しい英文の出来上がりです。こうしたルールを仮定法といいます。

仮定法（可能性がないことをあえて「もし～ならば…するだろう」と述べる）
＊現在のことだが、過去形を用いるので「仮定法過去」と呼ばれる。

	もし～なら	…するだろう
現在のこと	一般動詞：If S Ved～, be動詞　：If S were～,	S would V

＊なお、本書ではVedで一般動詞の過去形を表わします。

本問に話を戻しましょう。これはIf（もし）で始まる文で、後半にI would not do the same thing.と続いています。ここで助動詞の過去形wouldが使われていることに注目してください。

選択肢①knowと選択肢②depend onは現在形ですから、選択肢③were（過去形）を選びます。そこで空所にwereを入れ、

If I were you, I would not do the same thing.

とすれば、仮定法の完成です。

ただし、ここにはもうひとつルールがあります。仮定法にまつわるそのルールを覚えておかなければ③wereを選択することができません。

それは、be動詞の過去形にはwasとwereの２つがあるが、仮定法では、wasの代わりにwereを用いることがよくある、ということです。主語がIでもwereを用いるのです。よって、本問でも、Iの後ろにwereを続ける③が正解です（口語表現ではwasが用いられることもあります）。

仮定法（過去のことを仮定）

仮定法で、過去のことを「もし〜ならば、…しただろう」と表わすときの形も見ておきます。過ぎてしまったことに対して、「もし〜ならば」と言っても、もちろんそれは可能性のないお話です。

このような場合も、英語では、動詞を特別な形にします。具体的には、さきほど同様、「可能性がないことを

あえて『もし』と仮定する場合には、時制をひとつ古くする」のです。

さきほどの「道を知っていれば」の文を、過去の文脈に当てはめて書き換えてみましょう。

つまり、「私があのとき道を知っていれば、あなたたちに教えただろうに」を英語にするには、さきほどの、

［現在のこと］If I knew the way, I would tell it to you.
　　　　　　（もし私が道を知っていれば、あなたたちに教えるだろうに）

という文の動詞の時制を古くするのです。ここで、重要文法7で解説したhad Vp.p.、haveVp.p.を使います。

［現在のこと］もし私が道を知っていれば、あなたたちに教えるだろうに。

　　If I <u>knew</u> the way, I <u>would tell</u> it to you.

過去形knewをさらに古い時制に（過去の過去）　時制を古く　　時制を古く　　助動詞の後ろのtellを古い時制に（助動詞の後ろで過去形toldは使えない）

　　If I <u>had known</u> the way, I <u>would have told</u> it to you.
［過去のこと］もし私が道を知っていれば、あなたたちに教えただろうに。

仮定法（過去のことに関して「もし〜ならば…しただろう」と述べる）
＊過去完了を用いるので「仮定法過去完了」と呼ばれる。

	もし〜なら	…しただろう
過去のこと	一般動詞：If S had Vp.p.〜, be動詞　：If S had been〜,	S would have Vp.p.

問題(10) My father continued to believe the story (② to be) true until his death.

父は死ぬまでその話が本当だと信じ続けた。

重要文法10 動詞の語法

　動詞は、単に意味を覚えるだけでなく、使い方を一緒に覚えるのがポイントです。たとえば、seeという動詞は、後ろに名詞を続けsee Tomのように言うと「トムを見る」、もしくは「トムに会う」という意味になります。しかし、that節を続けてsee that〜とするとseeは「見る」ではなく「わかる」という意味に変わります。

　また、makeは名詞を続け、make a chair（いすを作る）のようにすると「作る」という意味になりますが、make him happy（彼を幸せにする）のようにmake A Bの形で用いた場合には「AをBにする」という意味になるのです。

　さらに、makeの後ろにfor〜を続けmake for the exit（出口へ向かう）のように使うと、「〜へ向かう」という意味になります。

seeの語法

```
see 名             「〜を見る、会う」
see that  文       「〜ということがわかる」
```

makeの語法

make 名	「〜を作る」
make A B	「AをBにする」
	「A(人)にB(物)を作ってやる」
make for 場所	「〜へ向かう」

　このように、動詞は後ろにどのような形がつながり、どのような語と一緒に使われるかによって、意味が大きく異なることがあります。これを「動詞の語法」と呼びます。

　この「動詞の語法」はひとつひとつ丁寧に覚えなければならず、覚えていないと使えないものになってしまいます。ですが、むずかしい語は覚える必要はなく、簡単な語こそ辞書を使ってその都度確認し、語法を覚える癖をつけるとよいと思います。

　本問で用いられているbelieve(信じる、思う)も基本的な動詞ですが、吉田が、難関大学を受験する高校生を指導していても、「believeをうまく使いこなせていないな」と感じることがよくあります。そういうとき生徒は、believeという単語の「意味」を知らないのではなく、believeという単語の「使い方」を知らないのです。

　このbelieveを用いて、「私は、彼は不誠実(dishonest)だと思っている」と表現してみましょう。2種類の書き方ができます。ひとつめは、I believe(私は思っている)の後ろにthatを続けて、

I believe that he is dishonest.

（私は彼が不誠実だと思っている）

です。このthatは《基礎編》（3）（重要文法3：接続詞that：54ページ）で説明したthatです。that he is dishonestで「彼が不誠実であるということ」です。もうひとつは、

I believe him to be dishonest.
（私は彼が不誠実だと思っている）

です。ここで、不定詞to beが登場していますが、believeは「to beと組み合わせて使う」ことがあるのです。つまり、believe 〜 to be …で「〜が…であると信じる、思う」という意味を表わします。
　believe 〜で「〜を信じる」というシンプルな使い方も、もちろんあります。ここでbelieve 〜 to be …との違いを見ておきましょう。

I believe him.（私は彼を信じている）

と、

I believe him to be dishonest.（私は彼が不誠実だと思っている←彼を信じていない！）

とでは、大きく内容が異なります。
　すべての動詞がto beと組み合わせて使われるわけではなく、believeという動詞の使い方として、このパ

ターンを覚えておく必要があります。このような「動詞の使い方」を「動詞の語法」というのです。

believeの語法

```
believe 名            「～を信じる」
believe that 文       「～ということを信じる」
believe A to be B     「AがBであると信じる」
```

実は、動詞は「語法が命」なのです。使い方によって大きく意味が異なる動詞もありますから、英語を読む際には、動詞の語法に注意し、気になればすぐに辞書で確認する癖をつけましょう。

辞書にはこうした語法が必ずくわしく記載されています。次の第3章でも述べますが、動詞を覚える際には、語法もあわせて覚えるようにしましょう。英語力がぐんとアップします。

《発展編》のまとめ

重要文法6　現在完了
重要文法7　have Vp.p. のもうひとつの用法

have Vp.p. のまとめ

	have Vp.p.	had Vp.p.
①継続	（ずっと）Vしている	（ずっと）Vしていた
②経験	Vしたことがある	Vしたことがあった
③完了	Vしたところだ	Vしたところだった
④結果	Vして（しまって）いる	Vして（しまって）いた
⑤過去	過去　Vした ＊過去形が使えない場合のみ使用	大過去　Vした

重要文法8　分詞構文

分詞構文（文の前後にVingが置かれた形）

> Ving〜,　文　.
> 「Vするので、Vすると、Vすれば」
>
> 　文　, Ving〜.
> 　　　「Vしながら、そしてVする」

分詞構文（文の前後にVp.p.が置かれた形）

> Vp.p.〜,　文　.
> 「Vされるので、Vされると、Vされれば」
>
> 　文　, Vp.p.〜.
> 　　　「Vされながら、そしてVされる」

重要文法9　仮定法

	もし〜なら	…（する/した）だろう
現在のこと	仮定法過去 一般動詞：If S Ved〜, be動詞　：If S were〜,	S would V
過去のこと	仮定法過去完了 一般動詞：If S had Vp.p.〜, be動詞　：If S had been〜,	S would have Vp.p.

重要文法10　動詞の語法

seeの語法

```
see 名            「〜を見る、会う」
see that  文      「〜ということがわかる」
```

makeの語法

```
make 名           「〜を作る」
make A B          「AをBにする」
                  「A（人）にB（物）を作ってやる」
make for 場所     「〜へ向かう」
```

believeの語法

```
believe 名                「〜を信じる」
believe that  文          「〜ということを信じる」
believe A to be B         「AがBであると信じる」
```

第3章
語彙力を増強する

ドイツ随一の国際都市フランクフルトにある欧州中央銀行本店の夜景。EU（欧州連合）の通貨ユーロをかたどった巨大なモニュメントが、眼前にそびえ立つ。世界経済を動かす言語は、もちろん英語である。鎌田浩毅撮影。

英語ができるかどうかを最終的に決定づけるのは、やはり語彙力です。単語はたくさん知っていればいるほど、読むのも、書くのも、聞くのも、話すのも、断然スムーズになります。

ここでは、単語を覚えるための具体的な方法をお伝えします。ただし、「覚えるべき単語3000」のような単語リストは掲載していません。本書で「単語の覚え方」が身につくと、今までの何倍も効率よく語彙を増やすことができるようになります。

まずは第2章の「文法力診断テスト」に続いて、語彙の小テストに挑戦してください。語彙力を測ると同時に、その後の 解説 では辞書を活用するコツもくわしく説明します。辞書活用のコツをつかむと、語彙力増強がさらに楽になるからです。

Part A

語彙力診断テスト

選択問題ですから、自信のない問題も、できるだけ文脈から推測して解答してください。

その後、答え合わせをしながら、辞書の引き方を解説していきます。10題を解いたら、ぜひ辞書を手元に置いて、解説 に進んでください。

第3章 語彙力を増強する

語彙力診断テスト

それぞれの下線部の語の意味を①〜③から選びなさい。

(1) You will find what those people are really like.
　　①好きだ
　　②〜のような
　　③似た人

(2) This is rather an easy book, isn't it?
　　①ずいぶん
　　②好ましい
　　③あまり〜でない

(3) The little boy has very few friends.
　　①親密な
　　②多くの
　　③ほとんど〜ない

(4) Please watch the video below to find out how to maintain the machine.
　　①制作する
　　②整備する
　　③運送する

89

(5) I have a great underline{esteem} for you.
　　①疑念
　　②負い目
　　③尊敬の念

(6) There is also a underline{belief} that we should eat vegetables only.
　　①考え
　　②習慣
　　③短さ

(7) It is underline{optimistic} of him to expect his son's success.
　　①楽観的
　　②必然的
　　③否定的

(8) This is the only lesson we have underline{so far} learned.
　　①〜した限りでは
　　②ずっと以前に
　　③今までのところ

(9) I am underline{certain of} your success.
　　①驚愕している
　　②確信している
　　③落胆している

(10) I couldn't agree with you more.
　　①同行する
　　②相性が合う
　　③意見が一致する

解答したら次のページへどうぞ→

語彙力診断テスト　答え
(1) ②〜のような　(2) ①ずいぶん　(3) ③ほとんど〜ない　(4) ②整備する　(5) ③尊敬の念
(6) ①考え　(7) ①楽観的　(8) ③今までのところ
(9) ②確信している　(10) ③意見が一致する

問題（1）You will find what those people are really ②like.
　　　　　あなたは、そうした人々が本当はどのような人なのかがわかるでしょう。

　likeを見ると「好きだ」という意味が真っ先に頭に浮かびますが、たいていの単語は複数の使い方とそれに応じた意味を持っています。
　likeには「〜に似ている、〜のような」という意味もあるのです。非常に基本的な単語ですが、辞書で調べると、今回の選択肢にある3つ（①好きだ、②〜のような、③似た人）のすべてがlikeの意味として登録されています。
「好きだ」は動詞として、「〜のような」は前置詞として、そして、「似た人」は名詞として登録されています。
　なお、動詞、前置詞、名詞などを「品詞」といいます。単語は、品詞によって意味が異なる場合がよくあります。よって、語の意味を特定するためには、文中でどのような使われ方をしているかを確認する必要があります。

そして、「どのような使われ方をしているか」は、前後の単語とどのようにつながっているかを見て判断します。

問題文に戻りましょう。まず、ここでlikeは、what those people are likeというかたまりの中で使われています（構造をシンプルに説明するため、reallyは省略しています）。

You will find　　　+　　　**what those people are like**
あなたはわかるでしょう

このlikeは、be動詞（are）の後ろで使われているので、「好きだ」「望む」という動詞としての解釈ができないのです。ちなみに、「それらの人々が何が好きなのか」を英語にすると、be動詞を用いずに、what those people likeとなります。

ここでのlikeは、those people are like ～（それらの人々は～に似ている）という使い方がされています。「～」の部分には、名詞が入ります。たとえば、robots（ロボット）を入れると、

those people are like robots
（それらの人々はロボットのようだ）

となります。なお、名詞の前に置かれるこのlikeは、in（～の中に）やto（～へ）などと同様、前置詞です。

そして、この「～」の部分にwhat（何）が入った形が、

what those people are like
(それらの人々は何に似ているか)

なのです。

　辞書は、単語の意味を調べるものというよりも、単語の使い方を確認するものであると考えましょう。単語の使い方まで確認して初めて、その語の意味もわかるのです。

　英和辞典では、こうした情報が非常に丁寧に記載されています。なお、辞書の選び方については『一生モノの英語勉強法』第8章「英語学習のための必須グッズ10選」(229ページ)を参考にしてください。

　さて、辞書でlikeを調べると、成句(熟語)の項目にWhat is S like?のように、今回の表現が登録されていることがあります。たとえば、大修館の『ジーニアス英和辞典(第5版：製本版)』では、

> **What is S like?** (1) ＜人・物・事は＞どのようなものか, どういう様子か《◆人の性格や外見、物の特徴、あるいは人が経験したことの印象を尋ねる場合に用いる》
> (2) 〜以下略〜

と説明されており、What's your new school like?(新しい学校はどうですか)といった例文が紹介されています。

　「成句」とは、ある語が特定の語と結びついて、特別な

意味を持っているものです。2語以上の単語の「よく使われる組み合わせ」のことです。「イディオム」とも呼ばれます。

　思いもよらない表現が辞書で成句として登録されている場合もあります。よって、辞書を引く際には、念のために成句欄にも目を通す癖をつけましょう。

問題（2） This is ①<u>rather</u> an easy book, isn't it?
　　　　　これはずいぶん簡単な本ですね。

　ratherは「ずいぶん、かなり」と、何かの程度が高いことを示します。しかも、「困ったことに、残念ながら」という含みを持たせることが多く、今回の文でも、単に「とても簡単だ」ということではなく、「ちょっと簡単すぎませんか」というようなニュアンスを含みます。
　また、ratherは、不定冠詞（a/an）の前に置くことも後ろに置くこともできます。したがって、rather an easy bookの代わりに、a rather easy bookと言うことも可能です。

問題（3） The little boy has very ③<u>few</u> friends.
　　　　　その幼い男の子にはほとんど友達がいない。

　ここでfewは否定的なニュアンスを持ち、複数形の名詞の前に置いて「ほとんど～ない」という意味になります。そして、「まったく～ない」という場合にはfewではなくnoを用います。

The little boy has <u>no</u> friends.
(その幼い男の子にはまったく友達がいない)

　どちらも、形としては否定文(doesn't have「持っていない」)ではなく肯定文(has「持っている」)になっています。
　名詞の前に置かれるnoは数字の「ゼロ」と考えるとよいのですが、それを実感してもらうために、「○人の友達がいる(=○人の友達を持っている)」という英文を、「3人→2人→1人→0人」と人数を減らしながら書いてみます。

The little boy has three friends.
(その幼い男の子は3人の友達を持っている)
The little boy has two friends.
(その幼い男の子は2人の友達を持っている)
The little boy has one friend.
(その幼い男の子は1人の友達を持っている)
The little boy has no friends.
(その幼い男の子はゼロ人の友達を持っている)
=まったく友達がいない

　こうして見てみると、英語のhave[has] no～という表現が「～を持っていない」という意味を表わすのがよくわかります。
　fewは「ほとんどゼロ」と覚えるとわかりやすいでしょう。今回の問題文では、fewにveryがついてさらに少なさが強調されています。

なお、friendsのように「数えられる名詞の複数形」にはfewをつけて、「ほとんど〜ない」という意味を表わします。一方で、「数えられない名詞」にはfewではなくlittleを用います。

　few + 数えられる名詞（複数形）「ほとんど〜ない」
　little + 数えられない名詞　　　「ほとんど〜ない」

The little boy has little water.
（その幼い男の子は水をほとんど持っていない）

　なお、boy（数えられる名詞）の前のlittleは「小さな」の意味です。

問題（4） Please watch the video below to find out how to ②maintain the machine.
　　　　　この機器の整備方法は下の動画でご確認ください。

　maintainは「保持する、整備する」という意味です。さらに、「考えを持ち続ける」ということから、「〜だと主張する」という意味にもなります。
　日本語の「メンテナンス」はmaintainの名詞形maintenance（整備、保守）からきています。maintainという英単語に馴染みがなくても「メンテナンス」という日本語と関連づけることができれば、覚えやすく（しかも忘れにくく）なります。辞書にはこうした派生語が記載されている場合もあります。

初見の単語を調べたら、思いがけず、なじみのある語が派生語として登録されていて驚いた、なんてこともあるかもしれません。

たとえば、dispose（処分する）という英単語が初見でも、台所にある「ディスポーザー（生ゴミ処理機）」が「disposeするもの」であるとわかるとすぐに覚えられます（ちなみに、disposeには他にも「配置する、する気にさせる」などの意味があります。「処分する」という意味で使うときはdispose of〜という形にします）。

問題（5） I have a great ③esteem for you.
　　　　　あなたにはとても頭があがりません。

ここでのesteemは「尊敬（の念）、尊重」という意味の名詞です。これは動詞として使われ、「尊敬する、高く評価する」という意味にもなります。

I have a great esteem for you.はよく使われる言い回しで、直訳すると「私はあなたに大いなる尊敬の念を持っています」となります。多くの辞書などでは上記のような訳し方で紹介されています。

問題（6） There is also a ①belief that we should eat vegetables only.
　　　　　我々は野菜のみを食べるべきだという考えもある。

beliefはbelieve（信じる、強く思う）の名詞形（派生語）で、「信念、考え」を表わします。直後のthatは、belief

の内容を説明し、「〜というbelief（考え）」とつながります。また、onlyは「〜のみ」という意味で、

We should eat only vegetables.
（私たちは野菜のみを食べるべきだ）

と、修飾する語（ここではvegetables）の前に置くこともあれば、

We should eat vegetables only.
（私たちは野菜のみを食べるべきだ）

と、今回のように、名詞の後ろに置かれることもあります。

問題（7） It is ①<u>optimistic</u> of him to expect his son's success.
息子の成功を期待するなんて彼も楽天的だ。

optimisticは「楽観的な」という意味の形容詞です。optimismなら「楽観主義」で、optimistなら「楽観主義者」です。この英文も『ジーニアス英和辞典（第5版）』から抜き出しました。
ところで、「彼は楽観的だ」を英語で表わすと、He is optimistic.ですみますが、同じ内容を、It is optimistic of him.ということもできるのです。

> It is 形容詞 of 〈人〉　「〈人〉は□□だ」
> = 〈人〉 is 形容詞

　目の前の人に「あなたは親切な人ですね」と伝える場合も、直接Youを主語にせず、

It is kind of you.

とすることがあります。この表現は、相手の親切に対して感謝の意を述べるときによく用いられます。
「親切に〜してくれてありがとう」なら、不定詞を続けて、

It is kind of you to help me.

などとします。直訳すると、「私を手伝うなんてあなたは親切です」ですが、「私を手伝ってくださってありがとうございます」というニュアンスになります。

問題（8） This is the only lesson we have ③<u>so far</u> learned.
　　　　これが、私たちがこれまでに学び得た唯一の教訓だ。

　soとfarがくっつき、so farで「これまでのところ」という意味になります。
　英単語の中には、特定の語と結びつくと、単独で使わ

れる場合とは異なる意味を持つものがあります。いわゆる「熟語」や「イディオム」などと呼ばれているものです。電子辞書などでは「成句」とも表記されています。

　ある熟語が、馴染みのある英単語同士の組み合わせであっても、思いがけない意味を持つことがあります。よって、辞書で単語を調べる際には、ぜひこうした熟語にも目を通してみてください。
　ここでのso farは、have learnedという現在完了とともに用いられて「これまでのところ学んでいる」となります。the only lesson we have learnedのように、名詞の後ろに主語（S）と述語（V）が続くと、「SがVする 名詞 」と解釈します。

問題（9） I am ②certain of your success.
　　　　　君の成功を確信しています。

　certainを辞書で調べると「確信している」という語義が目に飛び込んできますので、②が正解です。つまり、「驚愕」「落胆」はどちらも的外れな選択肢であるということがわかります。
　でも、ここで解説を終わるのはもったいないので、本問を使って、語法（単語の使われ方）に関する話をしたいと思います。

　辞書では、certainの説明として、以下のような記述がなされています。

> be certain of [about] ～　「～を確信している」
> be certain that　文　「～ということを確信している」

　これは、certainを使って「確信している」と表現する場合、certainはbe動詞の後ろに置かれ、さらにofまたはaboutまたはthatを続けるということを示しています。
　ところで、「確信している」という語義の記述の前に［叙述］または［叙述用法］などと表記されていませんか。これは、形容詞の語法に関する表記なのですが、いったい何を表わしているのか見てみましょう。
　形容詞は、文の中でどのような位置に置かれるかによって、2つの使い方に分類されます。
　ひとつは、名詞に直接くっついて、その名詞を修飾する、お馴染みのパターンです。簡単な例を挙げると、形容詞happyがmanという名詞にくっつくとa happy man（幸せな男）となります。このhappyのように、名詞に直接くっついて名詞を修飾する使い方を［限定用法］と呼びます。

a happy man　　（幸せな男）
a small bird　　（小さな鳥）
noisy children　（騒がしい子供たち）

　これらのhappy、small、noisyはすべて名詞を修飾していますので限定用法です。
　それに対して、もうひとつは、形容詞がbe動詞の後

ろなどで補語（主語を説明する語）として使われるパターンです。これを［叙述用法］と呼びます。

「叙述用法」とは、人や物事がどんな様子かを述べる用法です。happyとmanの例でいうと、The man is happy.（その男は幸せだ）という文で使われているhappyが叙述用法です。

以下のsmall、noisyも叙述用法です。

The bird is small. 　　　（その鳥は小さい）
The children are noisy. （その子供たちは騒がしい）

形容詞の用法
① ［限定用法］名詞を修飾　例) a happy man
② ［叙述用法］補語になる　例) The man is happy.

---

happy, small, noisyなどは［限定］［叙述］どちらの使い方でも「幸せな」「小さい」「騒がしい」という意味が変わりません。したがって、特段に用法に気をつける必要もないのですが、形容詞によっては、まったく意味が異なる場合があります。

certainはその代表格で、［叙述用法］なら「確信している」ですが、［限定用法］になると「なんらかの、ある」という意味になります。

---
cortain
① ［限定用法］「なんらかの、ある」
　　例) a certain man　（ある男）
② ［叙述用法］「確信している」
　　例) The man is certain.（その男は確信している）

ちなみに、presentという形容詞も［限定用法］と［叙述用法］で大きく意味が異なります。

> present
> ①［限定用法］「現在の」
>   例) the present address　（現在の住所）
> ②［叙述用法］「出席している」
>   例) She is present.　（彼女は出席している）

なんともややこしい話ですね。でも、［限定用法］と［叙述用法］で意味が異なる形容詞は、ほんの少ししかありません。よって、まずはcertainとpresentを覚えておけば十分です。

問題 (10) I couldn't ③agree with you more.
　　　　　大賛成です。

agree with～は「～と意見が一致する、同意する」という意味です。ここでは、英文の日本語訳に注目してください。couldn'tが使われているのに、和訳は「大賛成です」となっています。

一見、解釈がおかしいように見えますが、「大賛成」で正しいのです。ポイントは、比較級more（もっと、これ以上）です。

「私はこれ以上さらに同意することができない」というのは、「すでに最大限に同意しているのでどんなにがんばってもこれ以上は同意できない」ということなのです。

英文が示している論理をきちんと追ってゆけば、なるほどと納得がいくでしょう。このように素直ではない言い回しが、英語表現の中にはけっこうあります。アングロサクソンの国民性に由来しているものかもしれません。

　さて、I couldn't agree with you more.は決まった言い回しなので、多くの辞書でagreeの例文として採用されています。ちなみに、『ジーニアス英和辞典（第5版）』ではI couldn't agree more.で「まさにおっしゃる通りです」という非常にこなれた日本語が当てられています。

Part B

語彙力増強計画

1 単語を覚える方法

●単語学習を習慣化

一口に「単語学習」といっても、必要となる単語数や語彙レベル、学習期間の長短は、人によって、また、目指すべきものによって、異なります。

たとえば、英語学習が義務になっている中学生や大学受験を目指す高校生にとっては、覚えるべき単語数が多く、長期間の学習となります。

一方、TOEICを受験するビジネスパーソンは、短期間で(しかも限られた時間の中で)単語を覚える必要があるかもしれません。また、趣味の一環として英語を学習している人にとっては、単語学習は一生にわたるものでしょう。

場合によって、単語の学習法や使用教材のレベル等を変える必要があるかもしれませんが、どういった場合でも、単語の暗記は根気のいる作業となります。よって、なるべくストレスがかからず、長続きする方法を身につけましょう。

本章を読み終えると、「自分はこういうふうにして単語を覚える」という型ができあがるでしょう。そうすると、単語を覚える作業がルーチン化し、楽に学習を続けられるようになります。

●英単語教材での短期詰め込み学習

単語学習は「市販の英単語教材を使用する短期型」と「自作の単語帳に書き溜めながら少しずつ覚える長期型」の2つに大別されます。

> 単語学習　①英単語教材を使用する短期型
> 　　　　　　（数カ月〜半年程度）
> 　　　　　②単語帳に書き溜めながら覚える長期型
> 　　　　　　（いつまでも）

「英語をやり直そう」「英語学習を再開しよう」という場合は、文法のおさらいとともに、市販の英単語教材を用いた短期詰め込み型の勉強から入ることをお勧めします。これは英語の初級者でも、中上級者でも同じです。

自分のレベルに合わせた市販教材で、モチベーションの最も高い学習初期に一気に単語を覚えるのです。こうすると文法・読解・リスニングなど、その他の訓練がぐっと楽になります。

書店には、さまざまな英単語教材が並んでいますので、「掲載されている単語の3割〜5割はすでに知っている教材」を選んでください。

知っている語が多すぎても、反対に最初から最後まで知らない語だらけでも、1冊をやり通すモチベーションを保つのがむずかしくなります。このあたりの選択法に関しては『一生モノの英語勉強法』（164ページ）に詳述しています。

TOEICなどの試験対策で英単語を学習する場合は、それ専用の英単語教材がありますので、そちらを購入し

て使用してください。たとえば、TOEIC用単語集は、「600点突破」や「730点レベル」のように、レベル別で教材が販売されています。書店で実際に手にとってみて、自分のレベルに合ったものを選択しましょう。

ここでもポイントは、「掲載されている単語の3割〜5割はすでに知っている教材」を選ぶことです。「せっかくお金を出して買うのだから、知っている単語がたくさん載っているともったいない」という気持ちになるかもしれません。しかし、やや易しい(知っている単語がある程度掲載されている)教材のほうが、大きなストレスがかからず、無理なく学習できます。

また、最近はスマートフォンやタブレット端末上で動作する高性能の「単語学習アプリ」も数多く出ています。アプリをダウンロードしておけば、いつでも時間が空いたときに即座に学習ができ、電車の中であっても、片手で学習ができるので大変便利です。

● **自作単語帳での長期的な単語学習**

ここでは、単語学習を長期的に行なう場合の学習法を紹介します。

市販の英単語教材で、ある程度の語彙数(800語〜2000語)を確保したら、負荷の高い短期型から、息の長い長期型へと移行しましょう。

実は、長期的な単語学習で活躍するのは、「自作の単語帳」です。英文を読んでいて出会った新しい単語を、単語帳や単語カードに書き留めて、自分だけのオリジナル単語集を作っていくのです。

これに関しても詳細は『一生モノの英語勉強法』(170

ページ）にありますが、ポイントとなるのは、
・欲張らずに、一語につき一義で覚える
・動詞は語法とともに覚える
・1週間で覚える語数を制限する（1週間に10個程度が適量）
・定期的に自分でテストを実施して定着度を確認する
などです。本書114ページで、「最大効率の単語帳」を紹介しますので、ぜひ活用してください。

2 単語を覚える際の注意点

●欲張らない

ひとつの単語を覚える際に、最も注意すべき点は、前述のポイントにもあるように「欲張らない」ということです。

たとえば、英文を読んでいるときにpresentという語が出てきて、その意味を辞書で調べ、「出席している」だとわかったとしましょう。

「よし、presentを覚えよう」と単語帳に書き出すまではよいのですが、辞書から単語帳に意味を書き写そうとすると迷います。「現在の」「出席している」「贈り物」「贈呈する」などと複数の語義が目に飛び込んでくるからです。おまけにat present（目下は）などの成句も掲載されています。

しかし、「せっかく調べたのだから」とこれらのすべてを書き出して覚える必要はまったくありません。

実際にはどれも大切な語義であり、大切な成句なのですが、まずは「出席している」という意味だけをしっか

りと覚えましょう。つまり、いま読んでいる英文で自分が必要とした語義のみを覚えるのです。

そのうえで、次にpresentに出会ったときに、「出席している」という意味でうまく解釈できなければ、あらためて辞書を引くのです。ここで他の語義（または成句）を確認し、覚えなおしましょう。

| present | ① ［形容詞：限定用法］現在の
② ［形容詞：叙述用法］出席している
③ ［名詞］贈り物
④ ［動詞］贈呈する

実際に目の前の英文で使われている語義だけを、まずは覚える。

一対一対応でまずは語義をひとつだけ覚えるのです。そうやって、どんどんと頭の中の単語数を増やしていくほうが、英語力が格段にアップします。

● 英単語を覚える際の4要素
　――つづり・意味・発音・スピード

ただし、英単語を覚える際には、つづりと意味以外に気をつけなければならないことがあと2つあります。「発音を正確に覚えること」と、「スピードを意識すること」です。

● 発音の仕方を覚える

単語を覚える際には、発音の仕方を一緒に必ず覚えま

しょう。英文を黙読する際にも頭の中ではいつも音声を再生して読んでいます。ここで読み方のわからない単語が出てくるたびにつっかえていては、黙読もままなりません。逆に、単語の発音の仕方をわかっていると、黙読のスピードも上がります。

読み方がわからない単語は、覚えていないも同然と認識してください。よって、できるだけ声に出して、発音をしながら覚えましょう。

●発音記号

単語の発音を確認するためには、「発音記号」が読めるようになると便利です。発音記号というと、なにやら特殊な記号だらけという印象があるかもしれません。しかし、大半は[i] [t]など、アルファベットと同じで、発音も容易に推測できるものばかりです。なお、それ以外の[æ]や[ʤ]などの独特の記号は第5章で学習します。

●アクセント位置を必ず覚える

ここでいう「発音」には、アクセントも含まれます。語中の強く読む位置を間違えると、英語は通じません。アクセント位置が異なるだけで意味が異なる場合もあります。

たとえば、desertという語は、[**デ**ザート]と前を強く読むと「砂漠」、[デ**ザー**ト]と後ろを強く読むと「捨てる」という意味になります。

先ほど例に出したpresentも同様で、[**プレ**ゼント]と前を強く読むと「出席している」「現在の」「贈り物」という意味になり、[プリ**ゼン**ト]と後ろを強く読むと

「贈呈する」という動詞になります。

　実は、英単語は「どのような音か」よりも「どの部分を強く読むか」のほうが大切です。逆に言うと、カタカナっぽい日本人的な発音でも、アクセント位置さえ間違えなければ十分に通じます。

　よって、単語を調べる際は、真っ先にアクセント位置を確認してください。そして自作単語帳に単語を書き写すときには、présentまたはprésentのように、アクセントの位置を必ず記しておきましょう。「デザート」「プレゼント」など、カタカナ語として日本語に定着している語は、特に注意が必要です。

●アクセント位置の母音を大切に

　上述した通り、アクセント位置は英単語を覚えるうえで最も重要な事項のひとつと言っても過言ではありませんが、アクセント位置を覚える際に注意したいことがもうひとつあります。

　それは、アクセント位置にある母音の発音です。

　たとえば、中学1年生のテストにtable（テーブル）を出題すると、

　　1.　× teble（aをeにしている）
　　2.　× tabre（lをrにしている）
　　3.　× tadle（bをdにしている）

など、さまざまな間違いが出てきます。

　これらの誤りの中で1. tebleが最もまずいつづりミスだと思います。なぜなら、1. tebleと書いた生徒は、つづりだけでなく、発音も間違えている可能性が非常に高いからです。

アクセントのある母音（tableのa）のつづりを間違えて、1. tebleと書いてしまった生徒は、ほとんどの場合、正しい［**テイブル**］という発音ではなく、［**テーブル**］と発音しているのです。いまtableという誰もが知っている簡単な例で説明しましたが、この法則はすべての英単語に当てはまります。

英単語は、アクセントのある母音さえしっかり発音すれば、他の母音（アクセントのない母音）をあいまいに発音してもある程度通じます。

もちろん、子音のlの音とrの音を区別することも大切ですが、それ以上に、アクセント位置の母音が、単語を認識するうえで、とても大きな役割を担っているのです。

したがって英語を話す際は、アクセント位置の母音をしっかり丁寧に発音するよう心がけるだけで、ぐっと通じやすくなります。これも英会話の秘訣のひとつです。

●単語の瞬発力
——もうひとつの大切な要素：スピード

また、英単語には瞬発力勝負という側面があります。英単語を見た瞬間に意味が頭に浮かぶかどうかです（日本語が浮かんでもイメージが浮かんでもかまいません）。

また逆に、日本語を見た瞬間に英単語が頭に浮かぶかどうかです。このような状態になって初めて、ひとつの単語を覚えたと言えるのです。

つまり、単語は「う〜ん、なんだったかなあ。思い出せそうなんだけどなあ」と唸った時点で潔く「この単語は覚えられていなかった」と認識し、もう一度しっかり

と学習し直しましょう。

そうして瞬間的に答えられるようになった英単語は、リーディングやリスニングで本当に使える語となります。

英単語を覚える際の4要素　つづり・意味・発音・スピード

「発音」と「スピード」を強く意識して単語を覚える。

---

3 最大効率の単語帳

●最も効率的に覚えられる自作の単語帳

語彙力を向上させるために、自作の単語帳を使ってみましょう。116〜117ページに、単語帳を作るための原紙があります。ここまでに述べてきた「単語を覚えるコツ」を盛り込んだオリジナルの単語帳です。コピーして使用してください。

第3章 語彙力を増強する

辞書で発音記号を確認して記入。
空欄のままでもOK。

単語帳　左ページ

- 「英語」欄に英単語を書く→「発音記号」…く(空欄でも可)→「日本語」欄に日本語を書く
- 何度も発音しながら書き、つづりと意… 覚える→ページを真ん中で折り、英語⇒日本語、日本語⇒英語の練習→覚え… らチェックを入れる→右ページ「テスト①」の実施日を決めて記入

✓	英語	発音記号	✓	日本語
	skéleton	[skélətn]		骸骨
	spáce	[spéis]		宇宙(、空間)
	chárge A with B	[tʃɑ́:rdʒ]		AをBで告発する

覚えたい英単語を記入。
アクセント記号も。

日本語を書き込む。
基本的には英単語ひとつにつき一義。
シンプルで覚えやすい形に。

どこで見た単語かを書く。

単語帳　右ページ　（　　　　　　　　　）

- 左ページを真ん中で折って「英語」を隠し、「日本語」を見ながら「テスト①」に解答→「英語」を見てマルつけ→間違えた問題にチェック→すぐに覚え直して「テスト②」の実施日を決めて記入→「テスト②」実施(「テスト①」が隠れるように折る)→同様に「テスト③」を実施

✓	ここで最後の確認を！ テスト③　　月　　日	2回目が終了したらここで折る テスト②　　月　　日	1回目が終了したらここで折る テスト①　　月　　日

テスト実施日を記入。

単語帳　左ページ

- ●「英語」欄に英単語を書く→「発音記号」を書く(空欄でも可)→「日本語」欄に日本語を書く
- ●何度も発音しながら書き、つづりと意味を覚える→ページを真ん中で折り、英語⇒日本語、日本語⇒英語の練習→覚えたらチェックを入れる→右ページ「テスト①」の実施日を決めて記入

√	英語	発音記号	√	日本語

単語帳　右ページ　　　　　　　（　　　　　　　　　　）

●左ページを真ん中で折って「英語」を隠し、「日本語」を見ながら「テスト①」に解答→「英語」を見てマルつけ→間違えた問題にチェック→すぐに覚え直して「テスト②」の実施日を決めて記入→「テスト②」を実施（「テスト①」が隠れるように折る）→同様に「テスト③」を実施

ここで最後の確認を！　　↓2回目が終了したらここで折る　↓1回目が終了したらここで折る

✓	テスト③　　月　　日	テスト②　　月　　日	テスト①　　月　　日

↶答え合わせ&覚え直しをして左へ　↶答え合わせ&覚え直しをして左へ

見開きをB5の用紙にコピーしてお使いください。

4 単語テスト

●最小の労力で小テストを実施

　前ページの単語帳は、右半分がテスト欄になっています。「英単語を見ながら何度も書く」よりも「日本語を見て英語を答える小テストを何度も繰り返す」ほうが、定着率が格段に上がります。

　テストといっても、それほど大げさなものではありません。「先生」に作成してもらうでもなく、「試験監督」に監視されながら解答するわけでもありません。作成も実施も簡単で、もちろん、自分一人で全部できます。

　ここに書いた手引きに従って作成し、折り目を入れるだけで、自己小テストの完成です。最小の労力でテストが実施でき、最大効率で英単語が定着するよう工夫を凝らしていますので、ぜひ活用してください。

　なお、小テストは、1週間に1度のペースで実施しましょう。その1週間で書き出した英単語が何個であってもかまいません。「毎週日曜日の午前中に単語テストをする」といったように、自分で開催曜日を決めて、定期的にテストを行なうとよいでしょう。

　市販の単語集で学習をしている場合でも、同様の工夫をすれば、簡単に自己小テストを実施できます。単語集のレイアウトに合わせて、山折り谷折りをうまく組み合わせれば、たいていの場合うまくいきます。「日本語を見て英語を答える」だけでなく、「英語を見て日本語を答える」こともできるでしょう。

　凝ったテストではありませんが、このような工夫をすることで、集中力は格段にアップし、継続しやすくなり

ます。最大の効果を得るためには、最小の労力で学習を続けることが大切です。

●100点と90点の差（学生の皆さんへ）

これまで英単語は無理のないペースで地道に覚えていきましょう、と述べてきました。ただ、学校や塾で英語の授業を受けている生徒は、授業のペースに合わせて単語を覚えなければなりません。先生が「来週までに100個の英単語を覚えてきなさい」と指示を出しているとき、「私は20個が限界ですので、私のペースで覚えます」などと拒否するのはむずかしいでしょう。

定期的に単語テストが実施される学校や塾の授業では、なんとしてもそのペースで覚えていかなければなりません。こういう場合には、かなりきついかもしれませんが、単語テストではとにかく100点を取り続けることを目標にしてください。

英語に限らず一般に、テストで90点という点数は合格点だと思います。小テストであれ、定期考査であれ、90点は「良い点数」と認識されるでしょう。しかし、英単語テストにおいては、90点を取ってもまず「悔しがって」ほしいのです。

単語を覚える際には、100点と90点の間にはとても大きな差が広がっています。

●20問テスト

いま20問の英単語テストを受けたとしましょう。A君は100点で、B君は90点でした。20問出題されていますから1問は5点、B君は2問間違えたことになります。

A君：100点（全問正解）
B君：90点（2問ペケ）

さて、B君は間違えた2個の単語を、赤ペンで何度も書き直して即座に覚え直しました。こうなった今なら、20問全問正解できます。ではこれで、B君はA君に追いついたのでしょうか。

ここで、テストの出題範囲が重要になります。もし、先生が「この20個を覚えてきなさい」と指示を出していて20問テストを実施したのであれば、つまり、覚えてきた20個すべてを問われたのであれば、B君は間違えた2個を覚え直して終了です。

パターン1）出題範囲が20個のテストで90点のB君
　20個覚えて　⇒　20問テスト　⇒　90点
　⇒　2個を覚え直し　⇒　終了

しかし、先生が「毎週100個を覚えてきなさい。そこから20問出題します」と指示を出していた場合はどうでしょうか。

先生がランダムに20問を出題したとして、B君は9割の出来ですから、単純計算で、100個中10個の単語を覚えていないことになります。

そのうち2個はテストで間違えましたから、どの語かはわかっていますが、残りの8個はどの語かすらわかりません。

そこでB君が満点のA君（おそらく100個すべて覚えて

います）に追いつこうとすると、まず、

1. 100個の単語リストを使って、自分で100問テストをする。
2. 間違えた単語をリストアップし、覚え直す。

という2つの作業をしなければなりません。

パターン2）出題範囲が100個のテストで90点のB君
　　100個覚えて　⇒　20問テスト　⇒　90点　⇒　100個のリストをすべて見直して覚えきれていない約10個を洗い出し　⇒　その10個を覚え直し　⇒　終了

　B君がこの作業をしている間に、A君は翌週のテストに向けて、次の100個を覚え始めています。よって、B君はいつまでもA君には追いつけないのです。
　こういう仕組みがあるので、英単語テストは100点を取るように目標を高く定めてほしいのです。本書をお読みの方で、中高生のお子様がおられる方は、ぜひ、「単語テストは手を抜いてはいけない。満点を取り続けよう」と声を掛けてあげてください。

第4章
読解力を高める

イタリア半島の付け根にあるシチリア島では、活火山のエトナ山が今も噴火を続ける。街中で昼食用のパニーニを買う時には、イタリア語しか通じなくても、火山の研究現場に入ると公用語は英語なのだ。鎌田浩毅撮影。

Part A

精読の手順と注意点

1 東大英語に挑戦！

　さて、文法力と語彙力を診断したところで、実際に英文を読んでみましょう。しかも、なんと、東京大学で出題された英文です。「東大」という名前に臆することなく、挑戦してみてください。

　実は、第2章と第3章の診断テストに出題された文法事項や単語がふんだんに使われていますので、案外すいすいと読めると思います。

　まずは、英文全体に目を通してください。今はまだ、日本語に直す必要はありません。

全文を訳しなさい（改題）。

　After listening to him for about an hour and a half I could be certain of one thing only—that he believed himself to be rather a great man.
　And like so many of us who maintain that belief, he had so far found very few people to agree with him in his optimistic self-esteem.（東大1980年前期）

　いかがでしょうか。この英文は以下のようなことを述べています。

124

1時間半ほど彼と話をしてわかったことは、彼が自分のことを偉人だと思っているということだった。もちろん、そう認めてくれる人はほとんど誰もいなかったが。

　だいたい上記の内容をとらえることができた人は、高い読解力があります。そういう人は、以降の解説で、細部まで把握できていたかどうかを確認してください。
　逆に、うまく内容を把握できなかった人も、「正しい読み方」を身につければ、必ず短期間で英語が読めるようになりますから、以降の解説をよく読んで実践してください。

2　語彙力と文法力

　あらゆる文は、単語が集まってできています。ですから、ある言語を習得するということは、その語彙を身につけることが基本です。単語を知らなければ何も始まらないし、逆に、単語を知っているだけで、単純な意思表示が可能になります。
　ただし、単語を発するだけでは、非常に限定的で原始的なコミュニケーションしか成立しえないし、簡単な意思もうまく伝わらないことが多いでしょう。

　たとえば、相手が、Water, Water!と繰り返していれば、「ああ、水が欲しいのかな」と察することはできるかもしれません。
　しかし、場合によっては、カバンの中のペットボトル

からミネラルウォーターがもれ出して、カバンから水がしたたっているよ、と教えてくれているのかもしれません。極めてまれなケースではありますが……。

　自分の言いたいことを、誤解なく正確に伝えるためには、言語を話す皆で共有する「ルール」に従って単語を並べる必要があります。

　言い換えると、身につけた単語を、適切なルール（＝文法）に則って配置することで初めて、高度な内容を伝える「文」ができあがるのです。

　水が欲しい場合は、Water!（水）とだけ発するのではなく、Can you give me a glass of water?（グラス1杯の水をいただけますか）と言えば相手に伝わります。

　Water!だけでは、ぶっきらぼうに聞こえ、状況によっては相手を不快にさせるかもしれません。しかし、文で表現することで、誤解なく、しかも相手の気分を害することなく、正確に意思を伝えることができるのです。

ちなみに、もしカバンから水をしたたらせている友人がいたら、Water is dripping down from your bag.(水がカバンからしたたっていますよ)と伝えてあげましょう。

さて、「水を1杯ください」という文に話を戻します。単語をつなぎ合わせて「文」にすることで複雑な内容を相手に伝えることが可能になります。その際には、単語を並べる順番に関するルール(=文法)が存在します。

第2章(46ページ)で述べたように、この「文法というガイドブック」があるからこそ、私たちは言語を学習することができるのです。

では、さきほど提示した、

Can you give me a glass of water?
(グラス1杯の水をいただけますか)

という文の語順を考えながら、文法の活用の仕方を見てみましょう。

　この文では、give（与える）という動詞が使われており、その後ろにme a glass of water（私に1杯の水を）と続いています。ここには語順に関する大切なルールがあります。

　giveを用いて「〈人〉に〈物〉を与える」という意味を表わすときには、
　　〇 give　人　物
という順番で語を並べるのです。ここで順番を逆にして、
　　× give　物　人
とすることはできません。
　よって「giveの使い方」として、

という形を覚えておく必要があります。
「give＝与える」とだけ覚えるのではなく、

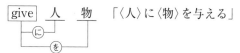

と語順つきで覚えるほうが暗記量が増えて大変そうに思えますが、こうすることで「使える知識」になるのです。

しかも、giveのこの「型」を覚えておくと、teach（教える）、show（見せる）、buy（買ってやる）など、たくさんの動詞が同じ「型」で使えます。

「〈人〉に〈物〉を〜する」というパターンで使うこのような動詞は「授与動詞」と呼ばれます。授与動詞は次の「型」に当てはめて使いましょう。

　このようなルールを体系立てたものが文法なのです。文法を知ることで初めて、単語を使えるようになります。
　もちろん、このような知識は、英語を発信するときだけでなく、英文を読むときにも活用できます。
　たとえば、ここで説明した「授与動詞の語順」に関するルールを知っていると、

He cooked us dinner.
（彼は私たちに夕食を作ってくれた）

という英文を見て、「彼が私たちを調理した？」などととんでもない勘違いをすることもなくなります。
　ここでcookedの後ろに〈人〉〈物〉の順で単語が並んでいることに着目し、「〈私たち〉に〈夕食〉を作る」と解釈することが可能になるのです。
　どれほど長く、複雑に見える文であっても、単語の知識を土台にして、文法知識を活用しながら、「語と語のつながり」を把握しつつ読み進めると、案外たやすく理

解できます。

　要するに、英文を理解するという作業は、語彙力と文法力があって初めて成立します（くわしくは『一生モノの英語勉強法』66ページ参照）。

　次節では、語彙力と文法力をフルに活用し、丁寧に文の構造を分析しながら、先に挙げた東大の英文を読み進めていきましょう。

Part B

読解力を高める

1 「文の骨格」を見つける

 どんなに複雑に見える英文も、その中心には必ず主語と述語があります。長く複雑な構造の文でも、主語と述語を押さえれば、「誰が何をする」「何がどんなだ」という、「文の骨格」が見えてきます。

 極論すれば、文はすべて「主語と述語」という骨格に、さまざまな付帯情報がくっついているのです。そうとらえることで、英文の構造がシンプルに見えてきます。

 今回の英文をもう一度見てみましょう。第1文は29語で成り立っていますが、「中心の主語と述語」はI could be（私は〜になることができた）の部分です。

 26語で構成されている第2文も一見複雑ですが、「中心の主語と述語」はhe had found（彼は見つけていた）です。

 After listening to him for about an hour and a half *I could be* certain of one thing only—that he believed himself to be rather a great man.
 And like so many of us who maintain that belief, *he had* so far *found* very few people to agree with him in his optimistic self-esteem.

 第1文では、I could beの後ろにcertainが続いて、「私

は〜を確信することができた」という「文の骨格」を作っています。

また、第2文では、he had foundにvery few peopleが続いて、「彼は人をほとんど見つけていなかった」という「文の骨格」を形成しています。それぞれを、骨格と追加情報に分けて図式化したものが以下です。

第1文（After〜man.）

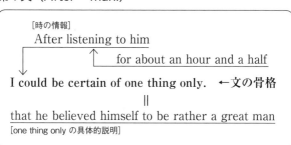

この図をそのまま日本語に直すと、次のようになります。

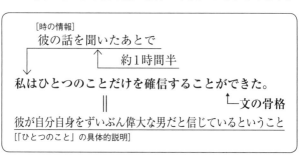

つまり、第1文は、「私はひとつのことだけを確信することができた」という部分が、文の中心にあって、それに、前置詞のafterや接続詞のthatが具体的な情報を

第4章 読解力を高める

追加している構造です。

　一般に、文の始まりは主語のことが多いのですが、この文はAfter〜という［時の情報］が最初に置かれている［主語以外で始まる文］です。

第2文（And〜self-esteem.）

　第2文も、［主語以外で始まる文］ですが、今度は「〜のように」と、［様態］を表わすlikeが文頭に置かれています。文の中心部分は、he had foundです。これも、そのままの形で日本語に直してみましょう。

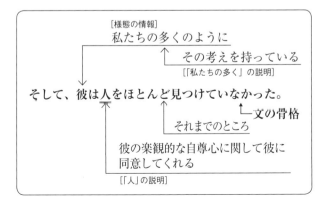

2 第1文分析

こうした構造分析ができるようになるために、文法知識や語彙知識をどのように活用し、どのように考えるのかが重要です。以下でさらにくわしく解説していきましょう。

まず、S (主語) V (動詞) O (目的語) C (補語) などの記号を使って、文の構造を分解してみます。

> 時を表わす語句（主語以外で始まる文）
> After listening to him for about an hour and a half
>
> I could be certain of one thing only — [that he
> S V   C   s'
> believed himself to be rather a great man].
>   v'   o'   to be   c'

After listening to him for about an hour and a half

> after Ving で「Vしたあとで」という意味。文法力診断(2)で解説。After listening to him「彼の話を聞いたあとで」で4語の「かたまり」、for about an hour and a half「およそ1時間半のあいだ」で7語の「かたまり」を形成。
> 11語全体で、「およそ1時間半のあいだ彼の話を聞いたあとで」と[時の情報]を文に追加する大きな「かたまり」を形成。この表現のあとに文の中心部分が続く。

> 時を表わす語句（主語以外で始まる文）
> After listening to him for about an hour and a half
>
> after Ving →文法力診断(2)

第4章 読解力を高める

I could be certain of one thing only—that he believed himself to be rather a great man.

「私はひとつのことだけを確信することができた」という部分が、文の中心。certain of 〜（〜を確信している）は語彙力診断(9)で、〜 only（〜だけ）の使い方は語彙力診断(6)で解説。

このthatは、後ろに続くhe believed〜という文を「〜ということ」とまとめている接続詞。文法力診断(3)で解説。

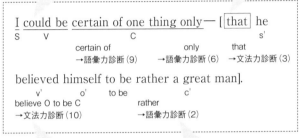

believe（信じる）は、believe O to be Cという形で使われて、「OがCであることを信じる」という意味。文法力診断(10)で解説。

rather「ずいぶん」は語彙力診断(2)で解説。

3 第2文分析

次に、第2文に対しても同様の分解をしてみます。

And (like so many of us who maintain that belief,) 〔様態を表わす語句（主語以外で始まる文）〕

he had (so far) found very few people (to agree
S   V   O
with him in his optimistic self-esteem).

And like so many of us who maintain that belief,

> このlikeは「好き」ではなく、「～のように」。語彙力診断(1)で解説。

> maintain that beliefで「そのような考えを持っている」。語彙力診断(4)と(6)で解説。

```
        ⎛様態を表わす語句（主語以外で始まる文）⎞
And    ⎝like so many of us who maintain that belief,⎠
        like                who        maintain       belief
        →語彙力診断(1)      →文法力診断(5)  →語彙力診断(4)   →語彙力診断(6)
```

> whoは前のmany of us（私たちの多く）を説明する関係代名詞。文法力診断(5)で解説。many of us who maintain that beliefで「そのような考えを持っている私たちの多く」

he had so far found very few people to agree with him in his optimistic self-esteem.

> he had so far found very few people（彼は、それまでのところ、ほとんど誰も人を見つけていなかった）が文の中心。had foundはfindを過去完了（～していた）の形にしたもので、hadとfoundの間にso far（それまでのところ）が挟まっている。過去完了は文法力診断(6)で、so farとvery fewはそれぞれ語彙力診断(8)と(3)で解説。

> very few peopleに不定詞to agree（同意する）が説明を加えている。
> people to agreeで「同意する人々」。文法力診断(1)と語彙力診断(10)で解説。

```
he had (so far) found very few people (to agree
S   V                    O           ⌒
    had Vp.p.  so far    few         名詞 to V
    →文法力診断(6) →語彙力診断(8) →語彙力診断(3) →文法力診断(1)

with him in his optimistic self-esteem).
  agree with           optimistic          esteem
  →語彙力診断(10)      →語彙力診断(7)      →語彙力診断(5)
```

> optimistic self-esteemは「楽観的な自尊心、楽観的な自信」。語彙力診断(7)と(5)で解説。

このようにして、文の構造を分析できるようになれば、しめたものです。一見複雑で手がつけられないように感じる英文も、辞書の助けを借りながら、正確に読むことができるようになります。

以下に模範解答を載せておきます。

全訳

1時間半ほど彼の話を聞いたあとで、私はひとつだけ確信することができた。それは、彼が自分のことをずいぶんと偉大な人物だと信じているということだった。

そして、我々の中でそのような考えを持つ非常に多くがそうであるのと同様に、彼も、それまで、自分のその楽観的な自信に同意してくれる人にはほとんど出会ったことがなかった。

第5章
発音を磨く

チェコ共和国の首都プラハ市内の老舗パブで出される地ビールは、まさに絶品だ。世界各地からやってくる観光客と、英語で歓談しながら意気投合するのは、実に楽しい。鎌田浩毅撮影。

Part A

発音練習と音読

1 音読を楽しく

　英語の学習は、歌の練習に似ているところがあります。上手に歌えるようになるためには、まず歌ってみましょう。

　好きな曲を何度も歌っていれば、どんどんと上達していきます。つまり、黙って楽譜を眺めるのではなく、声を出して歌うという実践を繰り返してうまくなっていくのです。

　実は、英語も同様です。言語の本質は「音」なのです。だから、リスニングであれ、リーディングであれ、英語の力を高めようと思ったら、音読練習は欠かすことができません。

　その音読練習を継続させる一番の秘訣は「自分の英語の発音に自信を持つこと」です。自信とまではいかなくとも、「納得できるレベル」にまで、英語を発音できるようにしておくと、音読練習が苦でなくなります。

　それどころか、声を出して英語を読むこと自体が楽しくなってくるでしょう。楽しく歌っているうちに上達するのとまったく同じで、楽しく発音をしているうちに、英語ができるようになります。

　よって、単語帳でも、文法の練習問題でも、自分が目にする英語は口に出して読んでみる、という姿勢を貫いてください。1カ月もすれば、スムーズに発音できるよ

うになっていることを実感できるでしょう。

「楽しく」発音練習ができるようになるために、本章では、英語の発音のコツと、電子辞書を用いた発音練習の方法を紹介します。

2 英語の発音はむずかしくない

皆さんの中には、英語の発音はむずかしいと思われている方がいるかもしれません。でも、ネイティブとまったく同じレベルで発音できるようになりましょうと言っているわけではありません。目指しているのはあくまで「英語を話す外国人」として、きちんと通じるレベルです。

そして、そのレベルで発音するのは、実はそれほど困難なことではないのです。thの音やlとrの区別など、日本人が苦手とする、英語に特徴的な音（つまり日本語にはない音）さえきちんと発音できるようになれば良いのです。これで、「英語を話す外国人」として通じるレベルに到達します。

さらに、それら英語の特徴的な音は、数もそれほど多くありません。よって、きちんと練習を積めば、短期間で発音ができるようになります。

また、日本語と同じ音でまかなえる（または代用できる）音もたくさんあり、ほんの少しのコツで英語らしく発音できます。まずは、「英語の発音はむずかしい」という思い込みを捨てて、楽しく発音の練習をしてみましょう。

3 音の出る仕組みを理解する

まず、声は口から発せられるものです。

あまりにも当たり前なことですが、それでは、たったひとつの口から、なぜこんなにも多種多様な音が発せられるのでしょう。

おおざっぱにいうと、それは、口の開き方や舌の位置・動かし方を変えることで、肺から上がってくる空気の流れを変えているからです。

ためしに「あーーーー」と声を出してみてください。はい！　そのまま動きを止めて！　息も止めてください。「あ」の口の形のままで、あごも舌も一切動かさない。そのままの顔で、「い」や「お」や「ぱ」や「た」と言ってみてください……できませんでしたよね。そもそも口の形が異なるため、発音することができないのです。

「あ」という音を出すためには『「あ」の構え』があります。口の開き方はこれくらいで、舌の位置はこのあたり、というのが決まっているのです。

私たち日本人が日本語の「あ」を発するときには、口の開きがどうなっているのか、一切意識していません。舌がどこにあるのか、などということは考えずに、自然に発声しています。

でも、これを意識することで、日本語の「あ」の発声法を自覚でき、英語の「ア」を発音するためには、舌をどう変化させればいいのかがわかるようになります。

要は、日本語と英語では、音を出すときの口の形や舌のポジションが「ずれて」いるだけなのです。つまり、日本語の音をもとにして、少しずつ修正してやるだけ

で、ぐっと英語らしい音を出せるようになるのです。

ただし、英語には「そもそも日本語にはない音」も少数あります。よって、そうした（日本人からすると）「特殊な音」は、いちから発声法を学ぶ必要があります。

これは、たとえば、thの音などのことですが、実は、日本語からかけ離れた音のほうが、いったん習得するとすぐ、きれいに発音できるようになります。似た音が日本語にない分、「日本語的に発音してしまう」という危険性が少ないからです。

4 日本語の母音（あいうえお）

さきほど、「あ」の口の形のままで「い」と言うことはできないと書きました。では、「あ」の口の構えを解いて、「い」と発声してみてください。口（と舌）が動きましたね。

今度は、「あーーー」と長く発音をしながら、少しずつゆっくりと「いーーー」に移行してみましょう。舌が徐々にせり上がって、空気の通り道が狭くなっていくことが実感できると思います。

この実験で、「あ」よりも「い」のほうが口の開きが狭い（そして舌が持ち上がっている）ということがわかりました。

いま、「い」と発音しているときの舌の位置を図で示すと、次のようになります。これは、左を向いた顔の断面図です。舌の前方がせり上がっていることを示しています。

舌の最も高くなっている部分に●印をつけています。

●印（舌の最も高い部分）が口中のどこに来るかによって、母音（ぼいん）の音色が大きく決まるのです。

そして、舌の断面図だけを取り出して図式化すると、こんなふうになります。

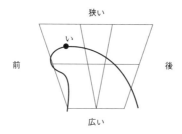

顔の断面図を毎回描くのは大変ですから、図式化したこちらのダイアグラムを使用します。

同じ要領で、「う」「え」「お」がどのように発音されているのかを、確認しておきましょう。英語の母音（日本語の倍以上の種類があります）を学ぶうえで、とても役に立ちます。

まず、「え」は「い」と「あ」の間にあります。「いーーーえーーーあーーー」とゆっくり音を変化させながら、息を途切れさせず発音してみましょう。

「い」→「え」→「あ」と音が変化するにつれ、徐々に

口が開き、舌が下がってくるのがわかります。

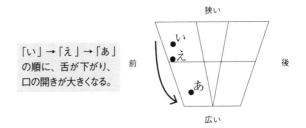

練習 口の形・舌の動きを強く意識しながら、「いーえーあー」と5回発音してみましょう。鏡で自分の口元を見ながら発音すると、口の形や動きがよくわかります。

次は、「あーーーおーーー」です。「あ」から「お」に移行する際には、舌が少し後方に引っ込み、口の開きがやや狭くなっていきます。

そのまま「うーーー」と続けると、今度は、舌の後方がさらにせり上がって、唇が少し丸くなります。

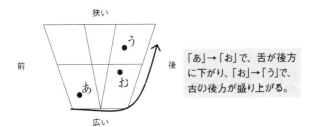

発音の仕方にはある程度の個人差があります。もし上記のような変化が実感できない場合は、逆に、上記の動

きを意識しながら発音をしてみてください。

次に、「いーーーうーーー」と発音するときの舌の動きを確認しましょう。「い」も「う」も口の開きが狭いのですが、「い」では舌の前方が高い位置にあるのに対して、「う」は舌の後方が高くなっていることがわかります。なお、「う」は少し唇を丸める動きも伴います。「いーえーあーおーうー」と連続で発音すると、舌の前方が高い「い」から徐々に舌が下がっていって「え」→「あ」となります。そこから、少しずつ口を狭めながら、舌の後方を持ち上げていくと、「お」→「う」と変化していきます。

この動きをぜひ覚えておいてください。日本語の「いえあおう」を基準にして、英語の母音の発音法を学ぶのです。こうすると非常に簡単に「日本語とのズレ」が認識でき、短期間で習得できるようになります。

以下には、舌が最も高くなる位置をまとめて示しておきます。

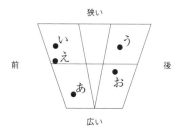

練習　口の形・舌の動きを強く意識しながら、「いーえーあーおーうー」と5回発音してみましょう。
　　　舌の前方が高い「い」から徐々に舌が下がって

第5章　発音を磨く

「え」→「あ」となり、さらに口を狭めながら、舌の後方を持ち上げていくと、「お」→「う」と変化していきます。

鏡で自分の口元を見ながら発音すると、口の形や動きがよくわかります。

Part B

発音記号と発音——母音編

1 発音記号

最近は、電子辞書でもスマートフォン等の辞書アプリでも、ネイティブスピーカーの発音を収録しているものが標準的です。

これらはボタンを押せば、正確な発音をすぐに聞くことができます。そうなると、「発音記号なんか読めなくても大丈夫」と思ってしまう人もいるかもしれません。

確かに、ネイティブスピーカーの音声を聞いて正しい音を記憶することは、リスニングにはとても役立ちます。私たちが学生だったころは、辞書がそのまま「発音」してくれるなんて、想像もできませんでした。英語の学習教材がさまざま進歩している中でも、この「発音してくれる辞書」は、最大の発明だと思います。

ただ、ボタンを押して流れてくる音声を真似るだけでは、なかなか同じように発音できるようにはなりません。耳に届くその音が、どのような口の形で発音されているのかは、聞いているだけではわからないからです。

そこで、「発音記号」の出番です。発音記号が表わす音を覚えていれば、その語を「どのような口の動きで発音するのか」が正確にわかります。

英語の音に慣れていないと、ネイティブスピーカーの発音を聞いても聞き分けられません。たとえば、uncle（おじ）「アンクル」と aunt（おば）「アント」の最初の「ア」がどちらも同じ音に聞こえてしまうかもしれません。そうなると、この2つの「ア」の違いを発音し分けるのは困難でしょう。

いま、辞書に記載されている発音記号を見ると、

uncle [ʌ́ŋkl]

aunt [ǽnt]

と表記されていて、2つの「ア」の音が異なることがわかります。

ここで、[ʌ]と[æ]の発音の仕方を知っていれば、口の形・舌の位置に注意して発音し分けることができます。そうなると、聞き分けもできるようになるのです。

英語教育の現場では、「自分で発音できない音は聞き取れない」と言われることがよくあります。逆に言うと、「自分で発音できる音は必ず聞き取れる」ということなのです。

本章では、発音記号を見て、口の動かし方を確認しながら、流れてくる音声を真似る練習をしてみましょう。何度か繰り返せば、アッという間に同じ音を再生できるようになります。

2 電子辞書が個人レッスンの先生に

現在、英語学習では音声付辞書は必須アイテムになっています。音声が収録されている電子辞書や辞書アプリを「自分専属で発音指導をしてくれる先生」として採用し、練習をしてみましょう。

上述のように「辞書の音声を聞いて真似るだけ」では、効果的な発音練習になりません。しかし、口の動かし方の違いを意識しながら、丁寧に真似れば、必ず正しい発音練習ができます。

音声付辞書は、電子辞書（専用機）でも、スマホやタブレットの辞書アプリでもOKです。まず、音声が収録されているものを用意してください。

もし、これから購入する場合は、英語の音声が収録されているかどうかを、必ず確認してください。ボタンひとつでネイティブスピーカーが英単語を読み上げてくれるかどうか、が大事です。

電子辞書（専用機）は、お手頃価格のものから非常に高価な「プロ仕様」のものまで、たくさんの種類があります。最近は1万円以下でも音声付辞書を収録しているものが多数あります。

辞書アプリを購入する場合なら、アプリストアで、「英和辞典」などとキーワードを入れて検索してください。内容に定評のある書籍版の辞書が、続々と電子化されています。ちなみに、吉田はiPhone上で『ウィズダム英和・和英辞典2』と『ジーニアス英和・和英辞典(G4・GJE3)』を併用しています。

電子辞書なら、「発音」ボタンがキーボードのどこか

に配置されており、そのボタンを押すと音声が再生されます。最近の機種ではタッチパネル上に配置されていることもあります。

辞書アプリで単語を調べると、たいていは、見出し語の隣りに発音記号が書かれており、その近くに「発音」を示すアイコンが表示されていますので、それをタップすると音声が流れます。

電子辞書、辞書アプリとも、他の人がいる環境では、音量に十分注意しましょう。ちなみに、吉田は授業中に「生徒が電子辞書を自由に使ってもよい」というルールを設けています。すると大ボリュームで英単語が読み上げられることがあります。

生徒が誤って発音ボタンに触れてしまったのですが、教室中に響き渡った英単語が皆の知る基本単語だったりすると、本人は恥ずかしそうにしています。かくいう吉田も、電車の中で「pretty!」と響き渡らせて、駅に到着するまで寝たふりをしたことがあります。

3 母音

発音記号というと非常に難解な特殊記号と思えるかもしれませんが、実際は、大半がアルファベットと同じ記号です。ほんの数種類の特殊な記号さえ覚えれば、すぐに読めるようになります。

ここでは、それぞれの発音記号が表わす音をどのように発音すればよいのかをくわしく解説します。まずは、母音です。日本語の「いーえーあーおーうー」と対比させながら覚えていきましょう。

> 発音記号
> →大半はアルファベットと同じ記号！
>   例）[e]…「エ」　　[b]…バ行の音　　[k]…カ行の音
> →特殊な記号は数種類
>   例）[æ]…appleの「ア」　　[ð]…thisのth音

以下では、前に示した舌の断面図を図式化したダイアグラムを用いて、基本的な母音を説明していきます。

英語の基本母音一覧

[iː]　[i]　[e]　[æ]　[ɑ]　[ʌ]　[ə]　[ɔː]　[u]　[uː]

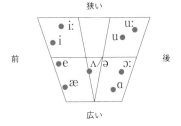

●「い」と[iː][i]

☐ [iː]　seat [siːt]（席）
「イー」と伸ばす音。日本語の「いー」で十分通じるが、唇を左右に引っ張り（上下の前歯が触れるくらいに緊張させ）発音するとさらによい。

☐ [i]　sit [sɪt]（座る）
日本語の「い」と「え」の間。「いーー」から「えーー」へと徐々に舌を下げていく途中の音。「え」の口の形で「い」と言うつもりで発音すると、うまく舌が[i]のポジションに置かれる。

[i:]と[i]の違いは、長さの違いというよりも音色の違いなのです。その音色の違いは、舌の位置の違いによって生み出されます。いま、音色の違いに注意して、電子辞書でseatとsitの音声を聞いてみましょう。

　日本人が気をつけるべき音は[i:]よりも[i]です。「い」と[i]の違いを感じながら、ネイティブスピーカーの音声に続いて繰り返し発音をしてください。そして、舌の動きを感じながら、sit on the seat（席に座る）と発音してみましょう。

練習　電子辞書等で以下の単語を調べ、それぞれの音声を聞いてみましょう。
　　　その後、seat→sit→seat→sitのように、対(つい)になっている語を交互に、それぞれの舌の位置や口の開き方などを意識しながら、3回ずつ発音して音色の違いを確認します。なお、鏡で自分の口を確認しながら発音すると非常に効果的です。

　　　⎰ seat　　[si:t]　　（席）
　　　⎱ sit　　 [sit]　　　（座る）
　　　⎰ heat　　[hi:t]　　（熱）
　　　⎱ hit　　 [hit]　　　（打つ）
　　　⎰ deed　　[di:d]　　（行為）
　　　⎱ did　　 [did]　　　（doの過去形）

● 「え」と [e]
□ [e]　pet [pet]（ペット）
　日本語の「え」で十分通じるが、「え」よりも少しだけ舌の位置を低くするとさらによい。

第5章 発音を磨く

練習 電子辞書等で以下の単語を調べ、音声を聞いてみましょう。その後、対になっている語を交互に、それぞれの舌の位置や口の開き方などを意識しながら、3回ずつ発音して音色の違いを確認します。

$\begin{cases} \text{sit} & \text{[sit]} \quad （座る）\\ \text{set} & \text{[set]} \quad （置く）\end{cases}$

$\begin{cases} \text{pit} & \text{[pit]} \quad （穴）\\ \text{pet} & \text{[pet]} \quad （ペット）\end{cases}$

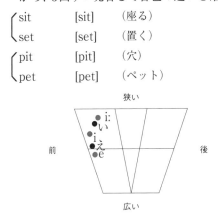

● 「あ」と [æ] [ɑ] [ʌ] [ə]

□ [æ]　apple [æpl]（リンゴ）

舌先を下の前歯の内側に押し付ける感じで、口を開きながら（あごを下げながら）発音。

少し長めに発音するとよい。

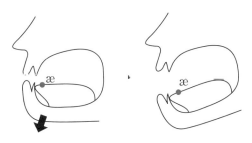

153

☐ [ɑ]　hot [hɑt]（熱い）

口を縦に大きく開けて、舌の奥をたいらにする。ウズラの卵を縦にして口の奥に入れている感じで、口の奥の空間を広くする。

お医者さんにのどの奥を見せるときに、スプーンのような器具（舌圧子と呼ぶそうです）で舌を押さえられる感じ。hotは「ホット」に少し「ア」の音色を混ぜて、「ハット」という感じで発音する。

口の奥の空間を広く

☐ [ʌ]　bus [bʌs]（バス）

日本語の「あ」に最も近い音。「あ」よりも少し口を大きく開ける。

☐ [ə]

弱く短く、力を抜いていい加減に発音する「あ」。アクセントのない母音の多くが[ə]と発音される。

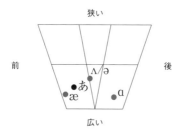

このように、日本語の「あ」に近い音が複数あります。英語の母音の発音で最もやっかいなところなのですが、まずは[æ] [ɑ] [ʌ]の3つを区別して発音できるようにしましょう。

　このうち[ʌ]は、日本語の「あ」でほぼ代用できますから、実際には、[æ]と[ɑ]をしっかり練習すれば大丈夫です。電子辞書でapple、hotの発音を繰り返し聞いて真似してみましょう。

練習　電子辞書等で以下の単語を調べ、音声を聞いてみましょう。その後、対になっている語を交互に、それぞれの舌の位置や口の開き方などを意識しながら、3回ずつ発音して音色の違いを確認します。

　　[æ]と[ɑ]の練習

　　　⎧ pat　　　[pæt]　　（軽くたたく）
　　　⎩ pot　　　[pɑt]　　（鍋）
　　　⎧ sang　　[sæŋ]　　（singの過去形）
　　　⎩ song　　[sɑŋ]　　（歌）

　　[æ]と[ɑ]と[ʌ]の練習

　　　⎧ hat　　　[hæt]　　（帽子）
　　　⎨ hot　　　[hɑt]　　（熱い）
　　　⎩ hut　　　[hʌt]　　（小屋）
　　　⎧ cat　　　[kæt]　　（猫）
　　　⎨ cot　　　[kɑt]　　（簡易ベッド）
　　　⎩ cut　　　[kʌt]　　（切る）

練習　電子辞書等で、発音に[ə]を含む以下の単語を調べ、音声を聞いてみましょう。その後、3回ずつ

発音して音色を確認します。[ə]は、弱くあいまいに発音しましょう。

American	[əmérikən]	(アメリカ人)
devil	[dévəl]	(悪魔)
careful	[kéərfəl]	(注意深い)
pocket	[pákət]	(ポケット)
bacon	[béikən]	(ベーコン)

● 「お」と[ɔ:]

☐ [ɔ:]　ball [bɔ:l] (ボール)

「お」よりも舌の奥が下がっていて、唇を丸めて発音する。

　この[ɔ:]と次の[u] [u:]は、どれも唇を丸めることを強く意識して発音しましょう。ちなみに、[ɔ:] [u] [u:]は円唇母音(えんしんぼいん)と呼ばれます。

練習　電子辞書等で以下の単語を調べ、音声を聞いてみましょう。その後、唇の丸みを意識しながら、3回ずつ発音して音色の違いを確認します。

ball	[bɔ:l]	(ボール)
dog	[dɔ:g]	(犬)
daughter	[dɔ́:tər]	(娘)
saw	[sɔ:]	(seeの過去形)
bought	[bɔ:t]	(buyの過去形)
taught	[tɔ:t]	(teachの過去形)

● 「う」と[u][u:]

☐ [u]　pull [pul] (引く)

　日本語の「う」よりもずっと強く唇を丸める。

第5章　発音を磨く

□ [u:]　pool [pu:l]（プール）

　[u]よりもさらに唇を丸めて突き出して発音する。すなわち、口笛を吹く感じで声を出す。

　[u:]のほうが唇の丸めが強いため、[u]と[u:]にも、[i]と[i:]のような、音色の違いがあります。

　pullとpoolの音声を聞いて確かめてみましょう。

練習　電子辞書等で以下の単語を調べ、音声を聞いてみましょう。その後、3回ずつ発音して音色の違いを確認します。

```
put     [put]    （置く）
book    [buk]    （本）
cool    [ku:l]   （冷たい）
do      [du:]    （する）
```

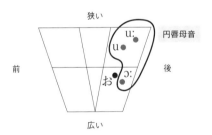

●二重母音

　[ai] [au] [ci] [ɔi] [ou]などを「二重母音」と呼びます。

　それぞれ、「アイ」「アウ」「エイ」などと読むだけですが、ひとつめの母音をしっかりと発音し、2つめの母音は軽く短めに発音するのがコツです。

練習　電子辞書等で、以下の単語を調べ、音声を聞いてみましょう。その後、3回ずつ発音して音色を確認します。

[ai]	time	[taim]	（時）
[au]	town	[taun]	（町）
[ei]	tale	[teil]	（物語）
[ɔi]	toil	[tɔil]	（苦労）
[ou]	tone	[toun]	（音色）

●R音性母音

アメリカ英語では、母音にrの音色が付加されることがあります。これを「R音性化」といい、そうした母音を「R音性母音」と呼びます。

これまでに説明してきた母音で音が始まり、舌を奥に引きながら中央部から後方を盛り上げると、rの音が出てR音性化が完了します。たとえば、bird、card、cordなど多くの語に現われる、アメリカ英語の最も特徴的な音です。

なお、イギリス英語ではR音性化が生じません。イギリス英語ではbirdを[bə:d]、cardを[kɑ:d]と発音します。

多くの電子辞書にはアメリカ発音が収録されていますので、ぜひR音性化した母音も、練習をしてみてください。

こうしたR音性母音に代表されるように、アメリカ英語とイギリス英語では、それぞれに特徴があります（その他の地域の英語にも、もちろん特徴があります）。

両者の特徴的な音を聞き分けられるようになると、テレビ、ラジオ、映画などのネイティブの音声が、みな

第5章　発音を磨く

違って聞こえてくるようになるでしょう。あるいは、旅行者から道を尋ねられたときの会話で、出身地がわかったりします。

　アメリカ英語とイギリス英語は、どちらを習得してもいっこうにかまいません。文化を肌で知るチャンスとして、この違いをぜひ活用していただきたいと思います。

練習　電子辞書等で、以下の単語を調べ、音声を聞いてみましょう。その後、3回ずつ発音して音色を確認します。
　　　いずれも、鏡で自分の口を確認しながら発音すると非常に効果的です。

[ə:r]　　bird　　[bə:rd]　（鳥）
[ɑ:r]　　card　　[kɑ:rd]　（カード）
[ɔ:r]　　door　　[dɔ:r]　（ドア）
[iər]　　hear　　[hiər]　（聞く）
[eər]　　hair　　[heər]　（髪）
[uər]　　tour　　[tuər]　（ツアー）

Part C

発音記号と発音——子音編

1 子音一覧

　英語の子音を発音する最大のポイントは、「日本語の子音よりも強く発音する」ということです。どの音も、呼気を強めて発音しましょう。ややおおげさに発音するくらいが、ちょうどよいでしょう。

　日本語は母音が5つであるのに対して、英語は倍以上の母音があり、区別をするのが大変です。一方で、子音の数は、日本語と英語でほぼ同じです。

　しかも、英語の子音の多くは日本語と同じで、発音記号もアルファベットと同じです。だから、特徴的な子音の発音の仕方とその表記（発音記号）を覚えるだけで大丈夫です。

　以下の一覧で、☆マークのついている7つを重点的に練習してみましょう。

英語の子音一覧
●破裂音（一瞬息をせきとめた後で破裂させる音）

[p]	pig	日本語の「ぱ」の子音
[b]	big	日本語の「ば」の子音
[t]	to	日本語の「た」の子音
[d]	do	日本語の「だ」の子音
[k]	coat	日本語の「か」の子音
[g]	goat	日本語の「が」の子音

第5章　発音を磨く

● **摩擦音**（歯や舌で作った隙間から息を出し摩擦させる音）

[f]	ferry	☆1
[v]	very	☆2
[θ]	three	☆3
[ð]	this	☆4
[ʃ]	she	日本語の「しゃ」の子音
[ʒ]	television	[ʃ]をにごらせる音
[s]	sea	日本語の「さ」の子音
[z]	zero	日本語の「ざ」の子音
[h]	hot	日本語の「は」の子音

● **破擦音**（破裂させた後に摩擦を続ける音）

[tʃ]	chair	日本語の「ちゃ」の子音
[dʒ]	jam	[tʃ]をにごらせる音
[ts]	cats	日本語の「つ」の子音
[dz]	cards	[ts]をにごらせる音

● **鼻音**（鼻に響かせる音）

[m]	meat	日本語の「ま」の子音
[n]	neat	日本語の「な」の子音
[ŋ]	sing	☆5

● **側音**（舌の両脇から息を出す音）

[l]	light	☆6

● **半母音**（舌をどこにも触れずに出す音）

[w]	wife	日本語の「わ」の子音
[r]	right	☆7
[j]	yes	日本語の「や」の子音

2　7つの子音

☆1[f]・☆2[v]

　[f]と[v]は、同じ口の形で発音されます。上の前歯を下唇の内側に軽くつけて、その隙間から息を漏らすように発音しましょう。

　英語の[f]と日本語の「ふ」を続けて発音してみると、口の形が大きく異なっていることがわかります。

　[f]を発音する口の形に注意しながら、food [fú:d]（食べ物）を、food、food、foodと3回連続で発音し、[f]の音色を確認してください。電子辞書でfoodを調べて、音声を聞きながら発音するとよいでしょう。

　その後、日本語で「フード」「フード」「フード」と3回発音すると、英語との違いが実感できます。日本語の「ふ」は、上の歯を下唇につけるのではなく、上下の唇を近づけてその隙間から息を出す音です。

　次に、[v]も[f]と同じ口の形で発音するように気をつけましょう。日本語の「ぶ」は上下の唇をつけ（口を完全に閉じ）、肺から上がってくる息をせき止めて口内の圧力を高めたのちに、勢いよく破裂させるように息を解放する音（英語の[b]に当たる音）です。

[v]は同じ音質で長く伸ばして発音することができますが、[b]は一瞬で音が消失します。[b]を伸ばして発音することはできません。

　[v]と[b]の違いをさらに実感するために、[v]を息が続く限り長く伸ばして発音し、[b]を何度も繰り返し連続で発音してみましょう。

練習　電子辞書等で以下の単語を調べ、音声を聞いてみます。その後、3回ずつ発音して音色の違いを確認しましょう。なお、鏡で自分の口を確認しながら発音すると非常に効果的です。
　　　ferry　　[féri]　　（フェリー）
　　　very　　 [véri]　　（とても）

練習　[v]を、口の形に注意しながら長く伸ばして発音しましょう。
　　　[v::::::::::::]
　　　今度は[b]を短く連続で発音してみましょう。
　　　[b b b b b b]
　　　電子辞書等で以下の単語を調べ、音声を聞いてみます。その後、3回ずつ発音して音色の違いを確認しましょう。
　　　very　　 [véri]　　（とても）
　　　berry　　[béri]　　（ベリー）

練習　日本語の「ふ」「ぶ」と[f] [v]の違いを実感するために、日本語を話すときの「ふ」と「ば」行をすべて[f] [v]で発音してみましょう。

日本語の中に突然現われる[f] [v]の音がもたらす違和感によって、[f] [v]の音が強く印象に残ります（くわしくは『一生モノの英語勉強法』62ページ参照）。

例）じゅんばんに おふろに はいりなさい。
（順番にお風呂に入りなさい）
「ば」を[va]で発音、「ふ」を[fu]で発音

☆3[θ]・☆4[ð]

[θ]と[ð]は、thで表わされる音です。舌先で上の前歯の先端をなめる感じで、その隙間から息を漏らすように発音しましょう。

これらは「日本語にない特徴的な音」として有名（？）ですが、音の出し方は、ものの5分で習得することができます。あとは継続的に練習して、この音を口と舌に覚えこませましょう。最も簡単な方法は、さきほどの[f] [v]の練習と同様に、日本語の「さ」行と「ざ」行をすべて[θ] [ð]で代用することです。

口の開き具合と舌の位置を、[θ] [ð]のポジションにピタッと合わせることがポイントです。こうできるようにするため、1カ月ほど、日本語を話すときに「さ」行と「ざ」行を[θ] [ð]で発音してください（くわしくは『一生

第 5 章　発音を磨く

モノの英語勉強法』60 ページ参照)。

練習　[θ] [ð] を、口の形に注意しながら長く伸ばして発音しましょう。もともとあまり大きな音が出ない子音ですから、かすかに音が聞こえる程度でかまいません。鏡で自分の口を確認しながら発音すると非常に効果的です。
[θ:::::::::::]
[ð:::::::::::]

練習　電子辞書等で以下の単語を調べ、音声を聞いてみます。その後、3回ずつ発音して音色の違いを確認しましょう。
three　　　[θriː]　　（3）
this　　　　[ðis]　　（これ）

練習　日本語の「す」「ず」と [θ] [ð] の違いを実感するために、日本語を話すときの「さ」行と「ざ」行を [θ] [ð] で発音してみましょう。舌先で上の前歯の先端をなめる感じを忘れずに、丁寧に発音するのがコツです。
例）おはようございます。
「ざ」を [ða] で発音、「す」を [θ(u)] で発音

☆5[ŋ]
[m] と [n] と [ŋ] は、鼻音と呼びます。これらは口から息を漏らさずに、鼻を通して出す音です。
　[m] と [n] は、日本語の「ま」行と「な」行に対応しま

すので、特に問題はありません。ただ、[ŋ]をマスターするために、[m][n]の発音の仕方をくわしく説明します。

　まずは[m]です。両唇を閉じて[b]を発音するときの構えをしたまま、唇を離さずに、鼻から息を抜きます。この「鼻呼吸」状態で、声帯を震わせます。

　声帯とはのどにある器官です。「声帯を震わせる」という感覚がわからなければ、口を閉じたまま「ムー」と音を出してください。その状態が「声帯が震えている」状態です。これで[m]が発音できました。

　ちなみに、声帯を震わせて出る音を、「有声音」と呼び、声帯が震えない音を「無声音」と呼びます。

　次に[n]の発音方法を確認しましょう。口から息を漏らさず、鼻呼吸状態で声帯を震わせるのは、[m]と同じです。

　ただし、今度は、両唇で息をせき止めるのではなく、舌先を上前歯の歯ぐきにあてて息をせき止めます。これは、[d]を発音するときと同じポジションです。[d]を発音する構えをしたまま、舌を離さず、鼻から「ンー」と音を出す感覚です。

　さて、今度は[ŋ]です。[b]の構えで出す鼻音が[m]、[d]の構えで出す鼻音が[n]でした。それに対して、[g]の構えで出す鼻音が[ŋ]です。この[ŋ]という記号は、[n]と[g]を足して2で割った形（[n]の前半と[g]の後半を合わせた形）です。

　[g]の音を出すには、舌の中央から後方を持ち上げ、口の天井にくっつけて息をせき止めます。ここで、舌を離して息を解放すると、[g]の音が発せられます（ちなみ

第5章　発音を磨く

に、声帯を震わせると有声音[g]が、声帯を震わせずに発音すると無声音[k]が発せられます)。この[g]のポジションで息をせき止めたまま出す鼻音が[ŋ]です。

この[ŋ]は、日本語にも存在する音です。舌の動きを意識しながら、「しんがい（心外）」とゆっくり発音してください。後半の「がい」を言わずに、「しん」で止めて、「しんー」と少し伸ばしてみます。そのときの「ん」が[ŋ]です。舌は、次の「が」を発音する準備のために、[g]のポジションに移動したまま止まっています。

[ŋ]は「ガ行の構えで『ン』」と覚えてください。

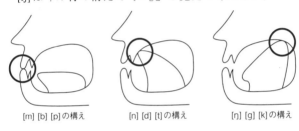

[m] [b] [p]の構え　　[n] [d] [t]の構え　　[ŋ] [g] [k]の構え

練習　[m] [n] [ŋ]を、口の形に注意しながら長く伸ばして発音して、音色の違いを感じましょう。

[m::::::::::::]

[n::::::::::::]

[ŋ::::::::::::]

練習　電子辞書等で以下の単語を調べ、音声を聞いてみます。その後、3回ずつ発音して音色の違いを確認しましょう。鏡で自分の口を確認しながら発音すると非常に効果的です。

some　　　[sʌ́m]　　（いくつかの）

son   [sʌ́n]   （息子）
sung   [sʌ́ŋ]   （singの過去分詞）

なお、電子辞書にsungの音声が登録されていない場合は、sing [síŋ]またはsong [sáŋ]（歌）で発音練習をしてください。

練習　次の日本語を「ん」の構えの違いに注意しながら、ゆっくりと発音してみましょう。次の音が[b]か[d]か[g]かで「ん」の音が異なっています。「さんー」と伸ばしてみると違いが実感できます。
「さんばい（三倍）」　この「ん」は[m]
「さんだい（三台）」　この「ん」は[n]
「さんがい（三階）」　この「ん」は[ŋ]

☆6[l]・☆7[r]

　[l]と[r]はどちらも「ら」行音に近い音です。「[l]も[r]も日本語の『ら』行音とは異なる音である」ということが発音指導の現場では強調されることが多く、「[l]と[r]はむずかしい」と思っている方もおられるかもしれません。しかし、以下の要領で、舌の位置に気をつけながら発音すれば、簡単に習得できます。

　[l]は、舌先を上の歯ぐきにつけたまま「うー」と声を出す要領で発音します。

　ポイントはずばり、「舌先を歯ぐきから離さない」ということです。まずは、ball（ボール）、pool（プール）など、[l]で終わる語で練習しましょう。完全に音が消えるまで、舌先は歯ぐきにつけたままです。

次は、lemon（レモン）、lion（ライオン）のように[l]で始まる語です。声を出す前に[l]の構えをしてください。舌先を上前歯の歯ぐきにつけて、まだ息を出さないで。大げさすぎるくらい[l]をたっぷりと時間をかけて発音してみましょう。

lemon [lémən]を[l:::émən]と発音する感じです。無理やりひらがなで表わすと「うぁーれもん」といった感じでしょうか。

[r]は、舌先をどこにもつけずに発音します。口を大きく縦に開けて「あー」と言いながら、少しずつ舌を内側に巻いていきます。

くぐもった感じの音が出たらストップ。舌全体を奥に引く感じで、のどのほうで声を出すつもりで発音するときれいに[r]音が出ます。

実際にはそれほど巻き舌にしなくても発音できますが、最初はおおげさに舌を巻いた感じで発音するとよいでしょう。

[r]で始まる語を発音する場合は、ちいさな「ゥ」を先頭につけると簡単に発音できます。rain[réin]（雨）なら「ゥレイン」のつもりで発音しましょう。ちいさな「ゥ」をつけることで、舌を口内のどこかにつけてしまうのを避けることができます。

とにかく「舌をどこにもつけない」ということを守ってください。

練習 電子辞書等で以下の単語を調べ、音声を聞いてみます。その後、3回ずつ発音して音色の違いを確認しましょう。鏡で自分の口を確認しながら発音

すると非常に効果的です。

light	[láit]	(光)
right	[ráit]	(右)
pool	[púːl]	(プール)
poor	[púər]	(貧しい)

3 総まとめ練習

母音編・子音編の総まとめとして、以下では発音記号を読んでみましょう。

練習 次の発音記号で表わされる単語を実際に声に出して読んでみます（つづりが書けそうなものがあれば書いてみます）。答えを見て、電子辞書等でその語を引き、自分の発音が合っていたかどうか確認したうえで、さらに3回ずつ発音しましょう。

[hǽt]
[kʌ́m]
[wʌ́n]
[plíːz]
[fáiv]
[méik]
[véri]
[θríː]
[ðís]
[tʃə́ːrtʃ]
[jʌ́ŋ]

第5章 発音を磨く

答え

[hǽt]	hat	(帽子)
[kʌ́m]	come	(来る)
[wʌ́n]	one	(1)
		または won(win〔勝つ〕の過去形)
[plíːz]	please	(どうぞ)
[fáiv]	five	(5)
[méik]	make	(作る)
[véri]	very	(とても)
[θríː]	three	(3)
[ðís]	this	(これ)
[tʃə́ːrtʃ]	church	(教会)
[jʌ́ŋ]	young	(若い)

第6章
聞く技術と話す技術を獲得する

バルト三国・エストニアの首都タリンの旧市街には、世界遺産の美しい街並みが続く。冷戦が終了し、旧ソ連から分離独立したあとは、ロシア語に代わって英語がコミュニケーションの重要なツールとなっている。鎌田浩毅撮影。

Part A

聞く技術の鍛え方

1 インターネットでリスニング練習

本章ではリスニングとスピーキングの技術を磨きましょう。

まずはリスニングの練習です。さまざまな音声教材が市販されていますが、ここでは、インターネットを活用して、無料でリスニングの練習を行ないます。

インターネット上には、英語学習に適した音声や動画がたくさん存在します。最初に、無料で使用できる音源を取り上げて、その活用法を示しましょう。

たとえば、American Rhetoric（アメリカン・レトリック）というサイトがお薦めです。ここでは、アメリカの有名なスピーチを聞くことができます。

American Rhetoricのトップページから Online Speech Bank（オンライン・スピーチ・バンク）を選択してクリックしてください。

> ウェブサイト
> **American Rhetoric**
> http://www.americanrhetoric.com/speechbank.htm

Speech Indexという項目があり、話者の名前がアルファベット順に並んでいます。

第6章　聞く技術と話す技術を獲得する

> Speech Index
> Get Speeches A-F
> Get Speeches G-L
> Get Speeches M-R
> Get Speeches S-Z

Get Speeches A-Fには、名前がAからFで始まる話者のスピーチが収められています。たとえば、オバマ大統領のスピーチを聞きたい場合は、Get Speeches A-FをクリックしてBの項目を上から順に眺めるとBarack Obamaで始まるタイトルのスピーチがずらっと並んでいます。

ためしに、2008年11月4日に行なわれた「大統領選挙の勝利宣言」を見てみましょう。ずらっと並んだオバマ大統領のスピーチの中から、President-Elect Victory Speechというスピーチを選んでください。

> Barack Obama: スピーチ名
> Barack Obama: スピーチ名
> Barack Obama: President-Elect Victory Speech
> Barack Obama: スピーチ名
> Barack Obama: スピーチ名

この国を変えるんだ、というオバマ大統領の強い決意と、それを願う聴衆の熱気が伝わってくる名スピーチです。オバマ大統領は演説が抜群にうまく、オバマ大統領の代名詞ともいうべきYes, we can.に代表される「短くて印象的なフレーズ」を繰り返す話術は、聴衆に感動を与えます（この勝利宣言でも、後半でYes, we can.が7回繰

り返されます)。

　この勝利宣言も含め、オバマ大統領の演説は何度聞いても飽きず、速すぎず明瞭な英語ですので、英語のリスニング学習に最適です。実際、書店にはオバマ大統領のスピーチだけで構成された英語リスニング本が、何冊も並んでいます。

　American Rhetoricに収録されているスピーチはどれも、リスニング教材として最適です。英語学習者用に録音された音声とは、リアルさが圧倒的に異なるからです。相手に伝えようという想いが強いスピーチは、聞いていてワクワクするでしょう。
　オバマ大統領のスピーチには、政治に関する難解な単語なども出てきます。それを差し引いても、英語初級者にお薦めできる「リスニング教材」です。
　リスニング教材を選択するときは「レベルが合っているかどうか」を確認することも大切ですが、それ以上に「聞きたい！」と思える内容かどうかが重要なのです。
　耳を鍛えるには、同じ音声を何度も繰り返し聞く必要があります。興味を持てる内容であり、聞き入ってしまうほど話者の熱が伝わってくる素材が必須です。こうした教材に出会えれば、リスニング学習は絶対に継続できます。これが、リスニング力を鍛える秘訣となります。

　アメリカの高校生向けに毎日配信されるネット上のニュース番組CNN Student News（CNNスチューデントニュース）や、各界の著名人が自分の最も伝えたいことをプレゼンするTED（テッド）という講演会も良いで

しょう。これらも英語学習者用ではありませんから、「手加減なしの英語」ですが、上記の理由から絶対にお薦めです（詳細は『一生モノの英語勉強法』第6章195ページ）。

> ウェブサイト
> **CNN Student News**
> http://edition.cnn.com/studentnews/
> **TED**
> http://www.ted.com/

その他にも、「英語　リスニング　無料」や「英語スピーチ　音源」などといったキーワードで、ネット検索してみてください。さまざまな種類の学習サイトや、そうした学習サイトを紹介している個人ブログなどが出てきます。

なお、インターネットを活用する際には、英語学習サイトと銘打つものでも玉石混淆であることに注意してください。

加えて、情報更新のサイクルが短く、良いサイトに巡りあっても、ある日突然閉鎖されることがあります。一方で、今後、良質の無料学習サイトが出現し、人気を博すかもしれません。

今回紹介した、American RhetoricやCNN Student NewsやTEDのサイトは、どれも非常に大規模です。全世界からのアクセスも多く、良質な英語学習教材を提供してくれる安定したサイトです。まずは、こうしたサイトから学習をスタートさせましょう。

なお、英語学習者の個人ブログには、お薦めの教材や

学習法を紹介するものも少なからずあります。自分のヒントになると同時に、「こんなふうに頑張って勉強している人がいる」と知ることで、モチベーションアップにもつながるでしょう。

2 オバマ大統領の勝利宣言（リスニング練習前編）

さて、それでは、実際にオバマ大統領の勝利宣言の冒頭部分を使って、リスニング力を向上させましょう。ここでは、以下の流れで学習を進めます。

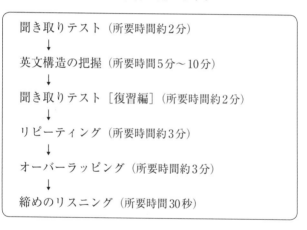

聞き取りテスト（所要時間約2分）
↓
英文構造の把握（所要時間5分〜10分）
↓
聞き取りテスト［復習編］（所要時間約2分）
↓
リピーティング（所要時間約3分）
↓
オーバーラッピング（所要時間約3分）
↓
締めのリスニング（所要時間30秒）

●聞き取りテスト

まずは、聞き取りテストです。まったくできなくてもかまいませんので、気楽な気持ちで取り組んでください。

さきほどの動画をもう一度再生します。動画では、オバマ大統領が家族とともに登壇するところから収録されています。最初のセリフ Hello, Chicago.（ハロー、シカ

ゴ）が動画開始2分後です（シカゴで行なわれた演説です）。

その次の24秒ほどのセリフを聞きましょう。以下に英文を掲載していますが、5カ所が空欄になっていますので、何が入るのか聞き取ってください。

1度で聞き取れなかった場合は、3回まで聞き直して、なるべく解答してください。5つともカタカナ語として日本語になっている英単語ですので、つづりに自信のない場合はカタカナで書いてみましょう。

内容はのちほどくわしく説明します。たとえ文全体の意味がよくわからないままでも、まったくかまいません。では、どうぞ。

ウェブサイト

Barack Obama: President-Elect Victory Speech

http://www.americanrhetoric.com/speeches/convention2008/barackobamavictoryspeech.htm

---

聞き取りテスト（最大3回）

Hello, Chicago.

If there is anyone out there who still doubts that (まだ ～ということを疑う) (1　　) is a (2　　) where all things are possible; (可能) who still wonders if the (3　　) of our founders is (～だろうかと疑う) (建国者) alive in our time; who still questions the (4　　) of (生きている) (疑う) our democracy, tonight is your (5　　). (民主主義)

映像は不要、音声だけでよい、という人は、動画の下に、小さく音声プレーヤーが表示されますので、そちらで再生すると音声のみが流れます。

　音声のみの場合は、再生後すぐにHello, Chicago.が聞こえてきますので、繰り返し聞く場合は、こちらが便利です。ただし、下には、英文スクリプト（セリフの書き起こし）が表示されていますので、答えが目に入らないように注意してください。

●英文構造の把握

　それでは、答え合わせです。

> 答え：1 America　　2 place　　3 dream
> 　　　4 power　　　5 answer

　いかがでしたか。3つ以上正解していれば、よく聞き取れています。と言って、まったく聞き取れなかった人も、心配は無用です。

　今からこの24秒の音声を徹底的に使い込んで、リスニング力（とスピーキング力）を向上させます。よって、たくさん間違えた人は、それだけ伸びしろが大きいとポジティブにとらえましょう。

　たったひとつの文章、24秒の音声で、皆さんの聞き取り能力が大きく変化します。

　まずは、空所に答えを当てはめた英文を、改めて読んでみましょう。

第 6 章　聞く技術と話す技術を獲得する

> Hello, Chicago.
> If there is anyone out there who still doubts that
> 　　　　　　　　　　　　　　　　　まだ　〜ということを疑う
> America is a place where all things are possible;
> 　　　　　　　　　　　　　　　　　　可能
> who still wonders if the dream of our founders is
> 　　　〜だろうかと疑う　　　　　　　　　建国者
> alive in our time; who still questions the power of
> 生きている　　　　　　　　　　疑う
> our democracy, tonight is your answer.
> 　　民主主義

> 　アメリカはあらゆることが可能な場所であるということをまだ信じられない人、建国者たちの夢が現在も生き続けているかどうかにまだ確信が持てない人、我々の民主主義の力にまだ疑問を感じている人が世間にいるとしたら、今夜が答えだ。

　第4章で英文を解析したように、ここでも英文の構造をくわしく分析してみます。

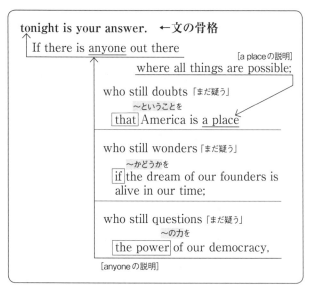

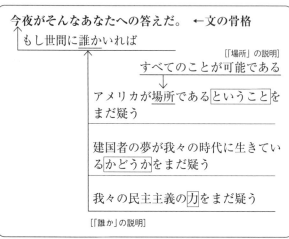

第 6 章　聞く技術と話す技術を獲得する

tonight is your answer

> tonight is your answer

長い if 節 (if で始まるかたまり。If 〜 democracy) のあとでようやく文の中心が現われる。your answer は「あなた方が受け取る答え、あなた方への回答」。your は「〜を疑っている皆さん」。

if there is anyone out there

there is 〜 は「〜がいる」という表現 (there 構文と呼ばれる)。anyone は「誰か」。someone も「誰か」だが、if 節内では、anyone が使われる。out there は「外に」が直訳。ここでは漠然と「世間、世の中」。

↑ If there is <u>anyone</u> out there

who still doubts [wonders/questions] 〜

3 つの who は anyone (誰か) を説明する関係代名詞。第 2 章の文法力診断 (5) で解説。anyone who still doubts で「まだ〜を疑っている誰か」。

↑
who still doubts 「まだ疑う」
who still wonders 「まだ疑う」
who still questions 「まだ疑う」

doubt は「疑う、信じない」、wonder は「知りたいと思う、確信を持てないでいる」、question は「疑問を呈する、疑う」。同じ語を繰り返すのを避けて類義語を並べているが、3 つとも「疑う」という意味で使われている。

a place where all things are possible

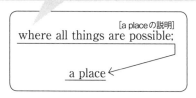

whereは、anyoneを説明する関係代名詞whoと同様に、前のa placeを説明する。whoは「人」を説明するときに使われ、whereは「場所」を説明するときに使われる。このwhereは関係副詞と呼ばれる。a place where all things are possibleで「すべてのことが可能である場所」。

[a placeの説明]
where all things are possible;

a place ←

このように、文頭の長いif節(「もし〜ならば」の部分)と、それに続くシンプルな主節(文の中心)という構造を見抜くことで、正確な解釈ができました。

オバマ大統領は、17分間続くこの勝利宣言の冒頭から、who still doubts, who still wonders, who still questionsという繰り返しで聴き心地のよいリズムを生み出しています。

今回活用しているこのウェブサイトのタイトルにあるRhetoricとは、「巧みな言い回し、雄弁術、レトリック」という意味です。聴衆の心をつかむ見事なレトリックがちりばめられた数々の名スピーチを聞くことができるこのサイトには、オバマ大統領のスピーチがなんと60編以上も収録されています。

こうした繰り返しを効果的に使ったスピーチとしては、I have a dreamというフレーズが繰り返される、キング牧師(マーティン・ルーサー・キング・ジュニア)の演説が特に有名です。キング牧師のスピーチも、後ほど

聞いてみましょう。

●聞き取りテスト［復習編］
英文がしっかりと理解できたところで、もう一度音声を聞きましょう。

しっかりと英文を読みこんだあとなので、最初のリスニング時とは比べものにならないくらいよく聞き取れます。

それでも、目で英文を読むのと、耳で英語音声を聞くのとでは、大きく違います。とらえ方が根本的に異なるので、「聞き取れるかどうか」を確認しておきましょう。

それでは、先ほどとは異なる箇所を空欄にした英文を以下に用意したので、改めて聞き取りに挑戦してください。

聞き取るべき語が激増しています。よって、スラッシュ（/）のある箇所で一時停止を押して、空所に書き込んでもかまいません。

音声は最大で3回、聞き直してください。

聞き取りテスト［復習編］（最大3回）
（　）には1語、_____には4語または5語が入ります。

> Hello, Chicago.
> If 1 _____ who still doubts (2　) America is a place (3　) all things are possible; / who still wonders (4　) the dream of our founders 5 _____; / who still questions the power of our democracy, 6 _____.

185

> 答え：1 there is anyone out there　2 that
> 　　　3 where　　4 if　　5 is alive in our time
> 　　　6 tonight is your answer

いかがでしたか？

リスニング練習は、ともすると安易になりがちです。「聞き取りテストをする→答えを見て納得→もう一度さっと音声を聞いておしまい→次の練習問題へ」という流れになってしまうからです。

しかし、本当は、理解した英文を何回も聞く作業が大切です。こうして完全に理解した英文を何度も聞き、さらには何度も声に出して読むのです。

こうすることで、英語の音声・スピードに対して、自然と耳と脳が慣れていきます。これが、リスニング力をアップさせる秘訣なのです。

それでは、さらにこの英文を声に出して読んでみましょう。

3　音読でリスニング力アップを図る（リスニング練習後編）

まだ、終わりません。ここからは、この24秒のセリフを音読していきます。「英文を声に出して読む」というと、スピーキングの練習のようですが、あくまでも、リスニング力向上を目的として、音読を行ないます。

聞く力を高めるためには、「たくさん聞く」だけでなく、「たくさん声に出して読む」という訓練が必要です。音読をすることによって、英語の音やリズムを習得

でき、その結果、英語が聞けるようになります。第5章 Part Bで述べたように、「自分で発音できる音は必ず聞き取れる」ものなのです。

●リピーティング

> Hello, Chicago. //
> If there is anyone out there // who still doubts // that America is a place where all things are possible; // who still wonders // if the dream of our founders is alive in our time; // who still questions // the power of our democracy, // tonight is your answer.

それでは、音声を聞きながら、繰り返してみましょう。これは、英語の発音訓練の際の最も基本的な練習法です。音声を聞いて繰り返す（リピートする）ので、「リピーティング」と呼ばれています。

Ifで始まる文は非常に長く、24秒かけて全文を聞いてから繰り返すのはむずかしいので、8箇所に分割して練習しましょう。

上記の英文で、//で示された箇所で区切ります。英文を見ながら音声を聞いて、//まできたら、一時停止し、なるべく聞こえた通りに真似をしながら、英文を読みましょう。

以下に、各部分の「コツ」を記しますので、参考にしてください。

Hello, Chicago.

シカゴ（Chicago [ʃikɑ́ːgou]）は、「カ」を強く読みましょう。最後の音は「オゥ」ですので、「シ**カ**ゴゥ」といった感じです。

If there / is anyone out‿there

※ / は短い休止、‿はつなげて読む箇所を示します。

there [ðéər]は文中で、[ðər]と弱く発音されることが多くあります。「ゼア」ではなく「ザ(ァ)」に近い感覚で読むとうまく聞こえます。

ひとつめのthereの後ろに間を置いて、is anyone out thereを一息に読みましょう。outのtは聞こえなくてかまいません。「**ア**ゥ(ト)ザァ」の感じです。

who still doubts　　※●は弱めに読む語、●は強めに読む語
・　・　●　　　　　を示します。

who stillは速くやや弱めに、doubts[dáuts]をはっきりと。「フ スティル **ダ**ウツ」といった感じです。最後の「ツ」は特にしっかりと発音しましょう。

that‿America is‿a place where /all things‿are possible;

thatの最後のtは次のAmericaのAとつながって聞こえますので、読むときも、that America [ðətəmérikə]は1語のつもりで言うとうまくいきます。

ちなみに、オバマ大統領が話すアメリカ英語では、母音と母音に挟まれたtはタ行音ではなくラ行音に聞こえ

ます。「ザタ**メ**リカ」ではなく「ザラ**メ**リカ」のように聞こえるでしょう。

リピートするときも、聞こえた通りに、「ザラ**メ**リカ」と発音してみましょう。自分の英語がまるでネイティブスピーカーのようにとても上手に聞こえます。

is a もつなげて [izə]、things are もつなげて [θíŋzər] と発音すると、なめらかに聞こえます。それぞれ「イザ」「**スィ**ングザ」のつもりで読みましょう。

最後の possible の o は [ɑ] の音です。第5章 Part B で練習したように、「口を縦に大きく開けて、舌の奥をたいらに」した状態で「**パ**ッシブル」と発音しましょう。

who still wonders
● ・ ●

who still は速くやや弱めに、wonders [wʌ́ndərz] をはっきりと。さきほどの who still doubts と同じリズムで、「フ スティル **ワ**ンダーズ」と読んでください。

if the dream of our founders is alive in our time;
・・ ● ・ ● ● ・ ● ・・ ●

ここでは、「英語は弱く読む部分と強く読む部分が交互に現われる」ということが、とてもはっきりと示されています。

英語の強弱リズムを練習する際の最良のお手本です。dream [drí:m], founders [fáundərz], alive [əláiv] を、強く、かつ長く読み、その他の語は、弱く速く読みましょう。

who still questions
● ● ●

　ここも、who stillは速くやや弱めに、questions [kwéstʃənz]をはっきりと、「フ スティル **ク**ェ**スチョン**ズ」と読んでください。

the power of⌣our democracy,

　ofとourはつなげて「オヴァ」のつもりで、democracy [dimákrəsi]は「モ」を強く読みましょう。

tonight / is your answer.

　さあ最後のパートです。ここが24秒の文のクライマックスです。

　20秒以上かけて「もし〜ならば」と述べたあとで、いったい新大統領はなんと言うのか。聴衆は固唾(かたず)をのんで待ち構えています。

「今夜のこの選挙結果が皆さんの選んだ答えなのです！」と、堂々と宣言する場面です。ここでは、実際の音声を真似て、tonightでもったいぶって、isの前で一拍置きましょう。

　ここまでを、3回繰り返して練習しましょう。所要時間は3分です。

　それぞれのコツを実践するだけで、自分の英語がずいぶんと「英語っぽく」聞こえてくると思います。

●オーバーラッピング

> Hello, Chicago. //
>
> If there is anyone out there // who still doubts // that America is a place where all things are possible; // who still wonders // if the dream of our founders is alive in our time; // who still questions // the power of our democracy, // tonight is your answer.

　今度は、音声を流しながら、黙って英文を目で追ってください。ただし、頭の中では自分で話しているつもりで（つまり大統領選に勝利したオバマ大統領になりきって）スピーチしてみましょう。

　いわばスピーチのイメージトレーニングです。聞こえてくるオバマ大統領の声に合わせて自分の頭の中で英語を話すのです。これにより、リピーティングのときよりもずっとはっきりと、抑揚（声の上がり下がり）やスピードや間を体感できます。

　これを2～3回繰り返し、頭の中でオバマ大統領と同じようにしゃべれるようになったら、今度は、声に出して同じことをしてみましょう。英文を見ながらでOKです。

　自分の声を、流れる音声に重ねてみます。再生している音声が聞こえるように小声で話しましょう。数回繰り返してください。

　この音読法は、聞こえてくる音声に重ね合わせて（オーバーラップして）発音するので、「オーバーラッピ

ング」と呼ばれます。

　オーバーラッピングによって口を動かして発音することで、英語のリズムを体得しやすくなります。

　ここからさらに、「シャドーイング」という音読法を実践することで、スピーキング力を向上させることもできます。それは、Part Bでくわしく解説します。

●締めのリスニング

　最後の「締め」に、駄目押しでもう一度リスニングをします。英文を見ずに、なるべく「初めて聞くつもりで」音声を聞いてください。1語1語がはっきりと聞き取れるでしょう。

　これだけ発音の練習をし、英文が頭に入っている状態だから、聞き取れて当然、と思われるかもしれませんが、皆さんは、間違いなく、リスニング力がアップしています。

　今回の音声に含まれている「音」「2語のつながり」「強弱のリズム」などに対応する耳ができているので、これから聞く新しい英文の中で同じポイントが出てくれば、必ず聞き取れます。

　練習をしたその日だけ、その英文だけ聞けるようになった、ということではありません。発音練習をしなかった英文とその音声は、2～3日で忘れてしまいます。しかし、ここまでの手順に沿ってしっかり練習をすると、その1秒1秒が、皆さんの英語力となるのです。

第6章 聞く技術と話す技術を獲得する

Part B

話す技術の鍛え方

1 キング牧師の演説で、まずリスニング

ここでは、「英語を話す」技術の磨き方を紹介します。基本的には、Part A と同じ手法でリスニング練習をしたあとで、「シャドーイング」という訓練法を導入します。

ここでも、音声素材を用いますが、オバマ大統領の勝利宣言とは別の素材を使って練習しましょう。

●I Have a Dream

American Rhetoric の Online Speech Bank にある Speech Index から、Get Speeches M-R を選択してクリックしてください。

Martin Luther King, Jr.: "I Have a Dream" というスピーチを選んでください。

Speech Index
Get Speeches A-F
Get Speeches G-L
Get Speeches M-R
Get Speeches S-

Martin Luther King, Jr.: "I Have a Dream"
Martin Luther King, Jr.: スピーチ名
Martin Luther King, Jr.: スピーチ名
Martin Luther King, Jr.: スピーチ名

> **ウェブサイト**
>
> **Martin Luther King, Jr.: "I Have a Dream"**
> http://www.americanrhetoric.com/speeches/mlkihaveadream.htm

これは、黒人差別反対運動で歴史に名を残すキング牧師の非常に有名なスピーチです。クライマックスで繰り返されるI have a dreamというフレーズを耳にしたことがある方もたくさんいるでしょう。

　この名スピーチを使ったスピーキング練習を行なうのですが、その前に、文の構造をしっかりと把握しておきましょう。

　まず、キング牧師の写真の下にある音声プレーヤーの再生ボタンをクリックしてください。冒頭から、one hundred years later（4回）、now is the time（4回）など、何度も繰り返されるフレーズが印象的な名演説です。

　I have a dreamは11分00秒あたりから9回繰り返されます（I still have a dream.を含む）。プレーヤーの再生ボタンを押して再生しても、何分何秒のところを再生しているかがわからないかもしれません。よって、プレーヤーのすぐ上にあるOff-Site audio mp3 of Addressを右クリックして、音声ファイルをダウンロードすると、経過時間を表示しながら再生できます。スライダーバーをドラッグして目的の時間まで移動させてください。

　今回は、開始から12分24秒のところの1文を取り上げます。

●聞き取りテスト

　演説が始まって12分04秒から13分17秒までの英文を、以下に掲載しています。12分24秒から始まる1文に空所が4つありますので、目を通しながら聞き、空所に入る語がわかったら書き込んでください。

音声は何度か繰り返してもかまいません。もし聞き取れなくても気にせず、次に進んでください。2番目の空所に入る語が聞き取れたら、素晴らしい聞き取り能力があります。

Martin Luther King, Jr.: "I Have a Dream"

～～～～～～～～～

12:04　I have a dream that one day even the state of Mississippi, a state sweltering with the heat of injustice, sweltering with the heat of oppression, will be transformed into an oasis of freedom and justice.

12:24　<u>I have a dream that my four little (1　　　) will one day live in a nation (2　　　) they will not be judged by the color of their skin (3　　　) (4　　　) the content of their character.</u>

12:40　I have a dream today!

　　　I have a dream that one day, down in Alabama, with its vicious racists, with its governor having his lips dripping with the words of "interposition" and "nullification" ― one day right there in Alabama little black boys and black girls will be able to join hands with little white boys and white girls as sisters and brothers.

～～～～～～～～～

> 答え：1 children　　2 where　　3 but　　4 by

2のwhereは、かなり弱く速く「フウェァ」のような感じで発音されていて聞きづらくなっています。

このwhereはさきほどのオバマ大統領の演説にも登場した「関係副詞」です。以下で説明します。

3のbutは、最後のtがほとんど聞こえず、直後のbyとつながって一気に「バッバイ」と聞こえます。

●英文構造の把握

> 12:24
> I have a dream that my four little children will one day live in a nation where they will not be judged
> 　　　　　　　　　　　　　国　　　　　　　　　　　　　　　　　　判断する
> by the color of their skin but by the content of
> 　　　　　　　　　　　　　　　　　　　　　中身
> their character.
> 人間

> 全訳
> 　私の幼い4人の子供たちがいつの日か、肌の色ではなくどのような人間かによって判断される国に暮らすようになるという夢を持っている。

文の構造を図解するとこのようになります。

第6章 聞く技術と話す技術を獲得する

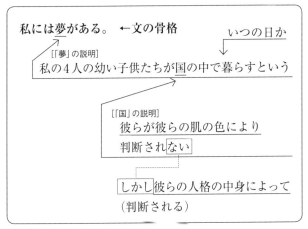

部分ごとにくわしく見てみましょう。

I have a dream
「私は夢を持っている」

> I have a <u>a dream</u>.

「私は夢を持っている」と述べたあとで、a dreamの説明が続いていく。

a dream that my four little children will one day live in a nation
「私の4人の幼い子供たちがある日ある国で暮らすという夢」

a dream that〜で「〜という夢」。thatは「〜という」という意味でdreamを説明する接続詞。

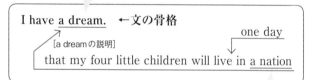

このあと、a nation（ある国）にさらに関係副詞whereで説明を加えていく。

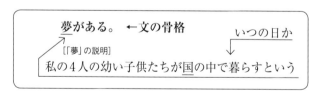

a nation where they will not be judged by the color of their skin
「彼らが（彼らの）肌の色によって判断されない国」

第6章 聞く技術と話す技術を獲得する

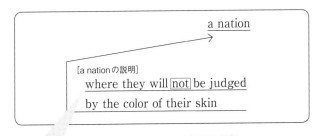

whereはa nationを説明する関係副詞。第6章Part Aのオバマ大統領の演説にあったa place where all things are possibleと同じ構造。

they will not be judged by the color of their skin but by the content of their character.
「彼らが（彼らの）肌の色によって判断されず、（彼らの）人格の中身によって（判断される）」

```
they will not be judged by the color of their skin
          not A but B 「AではなくB」
          but (be judged) by the content of their
          character.
```

```
彼らが彼らの肌の色により判断されない
                    ┊
        しかし彼らの人格の中身によって（判断される）
```

2 話す技術の鍛え方

●リピーティング

　文章の構造が理解できたところで、今度は音声を使ってリピーティングの練習です。第6章 Part Aのオバマ大統領の演説と同じ要領で、音声を聞きながら、繰り返し発音練習をしましょう。

　英文を見ながら音声を聞いて、//まできたら、一時停止します。なるべく聞こえた通りに真似をしながら、英文を読んでください。

```
I have a dream // that my four little children //
will one day live in a nation // where they will not
be judged by the color of their skin // but by the
content of their character.
```

I have a dream　※ ⌣ はつなげて読む箇所を示します。

　have a [hævə]は「**ハヴァ**」とつなげると読みやすくなります。

that my four little children

　that [ðæt]は最後の[t]が聞こえず、非常に軽く「ザ」と聞こえるだけです。

will one day live in a nation
● ● ● ● ● ● ●

※●は弱めに読む語、●は強めに読む語を示します。

willが非常に弱く「ウル」と聞こえます。live in a [lívinə]は「**リ**ヴィンナ」と一気に発音しましょう。

where they will not be judged by the color of their skin
● ● ● ● ● ● ● ● ● ● ● ● ●

このwhereは、さきほどの聞き取りテストでも出題しましたが、かなり弱く速く聞こえます。よって、「フウェア」を一気に、小さな声で発音しましょう。

音声を聞く限りでは、音の強弱が少しわかりづらい部分がありますが、自分で読む際には、not、judged、color、skinを強く発音しましょう。theirは「ゼア」よりも「ザア」の感じで弱く読みます。

but by the content of their character.
● ● ● ● ● ● ● ●

この部分は強弱が非常にはっきりとしています。but by the [bə(t)baiðə]は弱く速く「バッバイザ」と続け、content [kántent]「**カ**ンテント」とcharacter [kǽrəktər]「**キャ**ラクタ」の最初の母音（[á]と[ǽ]）をしっかりと発音しましょう。

なお、[ɑ]と[æ]の正しい発音の仕方は、第5章 Part Bの「『あ』と[æ] [ɑ] [ʌ] [ə]」を参照してください。

ここまでを、3回繰り返して練習しましょう。3分あれば十分です。大きな声を出せない環境では、小声でもかまいません。目の前の大群衆に向かって演説をしてい

るつもりで練習しましょう。

●オーバーラッピング

> I have a dream // that my four little children // will one day live in a nation // where they will not be judged by the color of their skin // but by the content of their character.

　さらに、「オーバーラッピング」を行ないます（191ページ参照）。
　音声を数回流しながら、黙って（でも頭の中では自分で話しているつもりで）英文を目で追います。そして、抑揚（声の上がり下がり）やスピードや間をつかみます。
　さらに音声を再生し、英文を見ながら、声に出して同じことをしてみましょう。自分の声を、流れる音声に重ねます。
　ここでは、再生している音声が聞こえるように、小声で話すのがポイントです。3回繰り返したら、完璧にできなくても、次のステップに進みましょう。

●シャドーイング

　オーバーラッピングを行なうことによって、英語のリズムを体得することができます。聞き取る力を鍛えると同時に、自然な速度でなめらかに発音する力も養える、というすぐれた練習法です。
　しかし、オーバーラッピングは、英文を見ながら行なう訓練のため、どちらかというと、少し朗読に近い練習

になります。自分で英語を話してはいるけれども、目の前の英文を読み上げている状態なので、自分で英文を紡ぎ出している感覚はあまりありません。

そこで、オーバーラッピングよりも「英語を話している感覚」を強く得られる「シャドーイング」で、最後の仕上げを行ないます。

シャドーイングとは、英文を見ずに、流れてくる音声を聞き取り、すかさず自ら再生する訓練法です。すなわち、聞く力と話す力を同時に鍛えられる最強メソッドなのです。

キング牧師の、この16秒の文を、5回シャドーイングしてみましょう。以下に具体的な方法と注意点を示します。

1. 音声を流します。再生を始めたら、途中で一時停止はしません。
2. スクリプト（印刷された本文）を見ずに、音声を聞き、1秒ほど遅れて、聞こえた通りに真似をしながら発声します。
3. 聞こえたらすぐに繰り返して発声します。しかし、聞こえてくる音声を追い越してはいけません。
4. 再生中の音声が聞き取れるように、小声で繰り返します。
5. 発音よりも、スピードや抑揚を重視して、真似をしましょう。
6. 途中でついていけなくなって、無言になっても、次に聞こえてくる音声から合流しましょう。
7. 英語を丸暗記して臨む必要はありません。どちらか

というと、「初めて聞いているつもりで繰り返す」ほうが効果的です。

キング牧師：I have a dream that my 〜

聞き取った音声をそのまま繰り返す

あ な た： I have a dream that my 〜

シャドーイングは、皆さんのリスニング力とスピーキング力を大きく伸ばしてくれる訓練法です。シャドーイングの効用や、題材選びのコツは、『一生モノの英語勉強法』（190ページ）にも詳述しています。

この16秒の英文をシャドーイングしたあとは、他の音声を使って同様の練習をしてみましょう。今回取り上げたオバマ大統領やキング牧師のスピーチの他の部分を使ってもけっこうです。

そのほかAmerican RhetoricやTEDで、面白そうなスピーチを物色して、気に入ったものの中から、ほんの一節（30秒〜1分程度）を使うのも良いでしょう。

どのスピーチのどの部分を使ったらいいのかわからない場合は、『一生モノの英語勉強法』（197ページ）で紹介した国井信一・橋本敬子著『究極の英語学習法K/Hシステム　入門編』（アルク）がお薦めです。

ほんの少しずつでかまいませんから、さまざまな人物になりきってシャドーイングを続けてみましょう。こうすると自分の言葉として、英語が話せるようになってきます。ぜひいまから試してみてください。

おわりに

　鎌田の学生時代に、『French Without Toil』という教材がありました。言わば「涙なしのフランス語」とでもなるでしょうか。若者のみならず当時のビジネスパーソンにも人気の高い定番シリーズで、ドイツ語やスペイン語もこれで勉強したものです（そのおかげで外国出張が楽しみになりました）。

　実は、本書はこの教材の「ゆるい」センスを思い出しながら、執筆しました。たとえば、類書によくある「徹底的に練習しましょう」は、外国語学習の際に、本当はNGなのです。というのは、この言い回しでは、熱心に練習できなかった多くの読者の「やる気」、すなわち「士気」を大きく削いでしまうからです。

　つまり、英語学習も単に「コミュニケーション・ツール」を身につけるだけのことなんだから、気楽に勉強を始めること、が大切なのです。そしてできるだけフラットな気持ちで取り組んで、いつのまにか上達している自分に気づくこと。

　言い換えれば、外国語教材は、練習をするのが決して好きでない人たちを追い詰めてはいけないのです。これが『French Without Toil』から学んだ最大のポイントではなかったか、と思います。

　そして吉田は、英語の習得で苦労している生徒を、とても大事にしています。むしろ、こうした生徒を見ているからこそ、学習のポイントが見えてくるのです。

　最初から練習の効果を知っている人は、自分で頑張れ

ます。よって、もうそれ以上は背中を押さなくても良いのです。しかし、練習の効果を知らずに大人になってしまった人は、ここで一気に沈んでしまうのです。

こうした現象は、一般的には偏差値の高い大学とされる京都大学の学生もまったく同じです。鎌田はこうした若者を勇気づけるため、20年近く教育現場で頑張ってきました。試行錯誤の毎日でしたが、その工夫を何とか本書にも活かすことができたと思っています。

本書の視点は常に、「英語がこれまでできなかった人」に置いています。大切なことは、努力が辛くてしんどいと思っている人たちに、どうやって本来の「力」を出してもらうか、なのです。

私たちは、なかなか勉強をしづらい環境にいても何とか英語が得意になりたいと努力している人に、温かいメッセージを送ることを第一に考えました。そして、効率的で理にかなった学習の仕方をどれくらいエキスパンシブ（包括的）に伝えられるかが勝負だ、と思って執筆しました。

たとえば、ネットを活用した練習は、確かに非常に優れている方法です。ただし、ネット上の情報はすぐに変わるし、消えることが多いのも事実です。よって、こうした場合にどのように対処すれば良いかを知っていないと、いたずらに教材探しに無駄な時間を費やすことになりかねません。

さらに、ネットのフリー教材をどのように評価したらよいかも、知っておく必要があります。このように、時間がたっても変わらない、しっかりとしたノウハウを持

ち、英語学習の必需品を揃えておくことが、とても大切なのです。

ポイントはひとつです。「英語を勉強しなおそう」という気持ち自体が、本来大変に尊いことなのです。だから私たちは、もう一度しっかり勉強しなおそうと思った方を全力で応援します。

ただし、英語勉強法に関する多くの類書が「近道」を示しているのに対して、本書と前著の勉強法は「王道」を提示しているという点が異なるかもしれません。

私たちは、英語は習得のむずかしい技能では決してなく、合理的な方法を用いて、ある程度時間をかければ、誰でも必ず上達できる、と信じています。

よって、本書でも英語の習得を「理系的」に「システム」化して提示しました。ここでも『ラクして成果が上がる理系的仕事術』(鎌田浩毅著、PHP新書)の発想が活きているのです。

具体的な反復練習においても、最初に戦略(ストラテジー、strategy)を立て、次に戦術(タクティクス、tactics)を練るという方法論は、まったく変わりません。

したがって、自分に合った教材を選び、スケジュール帳を見ながら前もって学習時間を決めていただきたいと思います。そして、達成したい目標を具体的に細かく決めて直ちに開始する、ということが今回も大切なのです。

本書は英語を必要とするビジネスパーソンだけでなく、社会に出てから通用する「方法論」を盛り込んだという点で、高校生や大学生にも役立つものです。そして前著と同様、巻末にはくわしい索引を付けました。

これは科学のアウトリーチ（啓発・教育活動）をする際の常套手段（じょうとう）なのですが、何かを調べたいときが、モチベーションが一番高まったときなのです。こうしたチャンスを逃さず、索引を活用しながら、英語練習を効率よく続けていただきたいと願っています。

　また、各章の章扉には、国際語として使われている英語について、世界各地の風景写真とともに説明を加えました。「英語が堪能になってこんなことがしてみたい」というイメージトレーニングのお役に立てば幸いです。

　一人でも多くの日本人に「英語が得意になった！」という感触を得ていただくことを、私たちは心より祈っています。

　最後に、本書の完成に力を貸してくださった方々にお礼を述べたいと思います。濱島優先生は本文のみならず図版や練習問題に関しても専門的で非常に的確なアドバイスをくださいました。また、本書で述べた英語学習法の多くは、辻本順司先生、車俊宏先生、小野敏宏先生、角辻賢一先生、石河由梨子先生、石津彰泰先生、徳本翔先生とのコミュニケーションから示唆を受けました。さらに、祥伝社新書編集部の高田秀樹さんは、レイアウトのむずかしい本書を見事な出来に仕上げてくださいました。

　ここに皆様方へ心よりお礼を申し上げます。

2015年2月

　　　　　　　　　　　　　　　鎌田浩毅・吉田明宏

索引（日本語）

〈英数字〉

American Rhetoric（アメリカン・レトリック） 174, 176, 177, 193, 204
be 動詞 56, 57, 62, 78, 79, 81, 86, 93, 102
CNN Student News（CNN スチューデントニュース） 176, 177
『French Without Toil』 205
had Vp.p. 68, 69, 72, 73, 80, 81, 85, 86, 136
have Vp.p. 66, 69-71, 73, 80, 81, 85, 86
if 節 183, 184
R 音性化 158
R 音性母音 158
TED（テッド） 176, 177, 204
TOEIC 106, 107, 108
Ved 78, 86
Ving 52, 54, 61, 73, 75, 85, 134
Vp.p. 56, 75, 85
20 問テスト 119-121

〈あ行〉

アクセント 111-113, 154
アクセント位置 111-113
与える 128
危ない橋 29, 33
「あ」の構え 142
アプリ 108, 147, 149, 150
アメリカ英語 158, 159, 188
イギリス英語 158, 159
一生モノの英語勉強法 3, 4, 37, 40, 46, 94, 107, 108, 130, 164, 177, 204
一般動詞 78, 81, 86
イディオム 95, 101
今の様子 69
イメージトレーニング 191, 208
インターネット 174, 177
イントネーション 39
ウィズダム英和・和英辞典 2 149
ウズラの卵 154
英会話 113
映画 41-43, 158
英語音声 43, 185
英語(の)学習教材 147, 177
英語学習者 176, 177
英語字幕 41-43
英語初級者 176
英語に特徴的な音 141
英語の母音 144, 146, 155
英語リスニング本 176
英語力 4, 23, 36, 47, 63, 84, 110, 192
英語を話す外国人 141
英借文 37-39
英単語 14, 15, 18, 20, 23, 24, 27, 35, 97, 98, 100, 101, 107, 110, 112-116, 118, 119, 121, 149, 150, 179
英単語教材 107, 108
英文スクリプト 180
英文読解 14, 15

英文理解 130
エキスパンシブ 206
円唇母音 156, 157
演説 175, 176, 179, 184, 193, 194, 196, 199-201
王道 207
オウム返し話法 39
オーバーラッピング 178, 191, 192, 202, 203
オバマ大統領 175, 176, 178, 184, 188, 191, 193, 196, 199, 200, 204
お約束 46
折り目 118
音色の違い 152, 153, 155-157, 163, 165, 167, 169
音声付辞書 149
音声ファイル 194
音声プレーヤー 180, 194
音読 140, 186, 191, 192
音読練習 140

〈か行〉
ガイドブック 46, 127
顔の断面図 143, 144
学習サイト 177
学習熱 17-19, 21, 24
過去完了 68, 69, 72, 80, 136
過去形 27, 53, 65, 67, 70-73, 78-80, 85, 152, 155, 156, 171
過去分詞 53, 56, 75, 168
過去よりもさらに過去 72
仮定法 76, 78-80, 86
仮定法過去 78, 86
仮定法過去完了 80, 86

可能性の有無 77
関係代名詞 55, 57, 59, 62, 136, 183, 184
関係副詞 184, 196, 198, 199
漢語 22
完了（現在完了・過去完了の用法） 65, 66, 69, 73, 85
気温 18, 34
聞く技術 174
牙をむく 24-26, 35
疑問詞 57
『究極の英語学習法 K/H システム 入門編』 204
強弱のリズム 192
京都大学（京大） 3, 16, 206
キング牧師（マーティン・ルーサー・キング・ジュニア） 184, 193, 194, 203, 204
駆除する 22
口癖 28, 34, 36, 43
口の形 142, 143, 145-148, 151, 162, 163, 165, 167
口の開き 142, 143, 145, 146, 152, 153, 155, 164
経験（現在完了・過去完了の用法） 65, 66, 69, 73, 85
継続（現在完了・過去完了の用法） 65, 66, 69, 73, 85
形容詞 50, 56, 99, 100, 102-104, 110
形容詞的用法 50, 51, 61
結果（現在完了・過去完了の用法） 65, 66, 69, 73, 85
現在完了 65-70, 85, 101
現在分詞 75
限定用法 102-104, 110

索引（日本語）

語彙数　108
語彙力　15, 18-20, 22, 88, 106, 114, 124, 125, 130
語彙力診断　135, 136
語彙力診断テスト　88, 89
高校英文法　63
高校生　4, 82, 106, 176, 207
構造　21, 93, 130, 131, 133, 134, 137, 178, 180, 181, 184, 194, 196, 199, 200
語義　101, 102, 109, 110
国際会議　39
告知する　22
個人ブログ　177
語法が命　84
コミュニケーション　125, 205, 208

〈さ行〉
サイ　23, 34
最小の労力　118, 119
最大効率　118
最大効率の単語帳　109, 114
作文力　14, 19
三単現　16, 60
ジーニアス英和・和英辞典（G4・GJE3）　149
ジーニアス英和辞典（第4版）　18
ジーニアス英和辞典（第5版）　94, 99, 105
ジーニアス和英辞典（第3版）　18, 36
子音　113, 160-162, 165, 170
自作単語帳　108, 112
辞書アプリ　147, 149, 150

システム　3, 207
時制をひとつ古くする　78, 80
自然な英語　16, 38
舌の位置　142, 143, 148, 152, 153, 155, 164, 168
舌のポジション　142
シャドーイング　192, 193, 202-204
習慣化　106
修飾語句のついた名詞　59
熟語　22, 94, 101
主語以外で始まる文　133-136
主語と述語　131
出席している　104, 109-111
受動態　56, 57, 62
授与動詞　129
瞬発力　113
小テスト　88, 118, 119
情熱　34
叙述用法　102-104, 110
助動詞　70, 71, 80
助動詞の過去形　79
身体　22
進退　22
スクリプト　180, 203
スケジュール　207
スピーキング　3, 34, 39, 174, 186, 194
スピーキング力　38, 180, 192, 204
スピーチ　174-177, 184, 191, 193, 194, 204
スピード　14, 42, 110, 111, 113, 114, 186, 191, 202, 203
スマートフォン　108, 147
スライダーバー　194

スラッシュ 185
スラング（俗語） 40
成句 94, 95, 101, 109, 110
声帯 166, 167
精読 124
接続詞 52-54, 135, 198
接続詞(の)that 54, 55, 62, 83, 132
セリフ 23, 41, 42, 178-180, 186
戦術 4, 207
前置詞 52, 53, 61, 92, 93, 132
戦略 4, 207
ゾウ 23
側音 161
そのときの様子 69

〈た行〉
体温 18, 34
大学生 4, 16, 207
大過去 72, 73, 85
大統領選挙の勝利宣言 175
巧みな言い回し 184
タブレット端末 108
単語 3, 15, 18-20, 37, 39, 40, 46, 82, 88, 92-95, 98, 101, 106-115, 118-121, 124-127, 129, 150, 152, 153, 155-159, 163, 165, 167, 169, 170, 176
単語カード 108
単語学習 106-108
単語集 108, 118
単語数 106, 110
単語帳 107-109, 114-118, 140
単語リスト 88, 121

単語力 15
近道 207
着想 25, 27, 30
中学英文法 47
中学生 21, 106
中学レベルの英語 15
追加情報 132
通じる英語 14, 16, 38
つづり 110, 112-116, 170, 179
「つづり・意味・発音・スピード」 110, 114
つまらないもの 29, 30, 36
強く読む部分［位置］ 111, 189
ディスポーザー 98
定着率 118
手加減なしの英語 177
手紙文例集 40
テスト 40, 109, 112, 115-121, 178, 179, 185, 186, 194, 201
テスト会 40
電子辞書 101, 141, 147, 149, 150, 152, 153, 155-159, 162, 163, 165, 167-170
東京大学（東大） 124, 130
動詞 16, 22, 34, 50-52, 54, 60, 61, 70, 77, 79-84, 92, 93, 98, 109, 110, 112, 128, 129, 134
動詞の語法 51, 61, 81, 82, 84, 86
東大英語 124
動名詞 52, 53, 55, 61, 71
時の情報 132-134
読解力 125, 131

索引（日本語）

ドラッグ 194

〈な行〉
ナイトミュージアム2 43
苦手意識 5
二重母音 157
日本語音声 41-43
日本語とのズレ 146
ネイティブ（スピーカー） 14, 16, 37-40, 141, 147-149, 152, 158, 189

〈は行〉
破擦音 161
橋渡し 14
派生語 97, 98
発音 39, 110-116, 140-160, 162-170, 187-189, 191, 192, 196, 201-203
発音記号 111, 115, 116, 147, 148, 150, 151, 160, 170
発音練習 140, 141, 149, 168, 192, 200
話す技術 193, 200
破裂音 160
半母音 161
鼻音 161, 165-167
ビジネスパーソン 4, 106, 205, 207
表現の幅 34, 63
表現力 15, 22, 28, 42
ひらめいた 29, 31
品詞 26, 92
副詞の働き 74
付帯情報 131
不定冠詞 95

不定詞 50, 51, 53, 55, 60, 61, 71, 83, 100, 136
フリー教材 206
分詞構文 73-75, 85
文の骨格 131-133, 182, 197, 198
文のストック 37, 38
文法 3, 21, 38, 40, 46, 47, 107, 124, 126-129, 134, 140
文法力 47, 124, 125, 130
文法力診断 134-136, 183
文法力診断テスト《基礎編》 47, 48
文法力診断テスト《発展編》 63
文脈 38, 50, 74, 80, 88
勉強法 3, 207
母音 112, 113, 143, 144, 146, 147, 150, 151, 154, 155, 157, 158, 160, 170, 188, 201
方向音痴 28, 34, 42, 43
補語 103, 134

〈ま行〉
間 188, 191, 202
巻き舌 169
摩擦音 161
三日坊主 29, 32
無声音 166, 167
名詞化 54, 55, 62
名詞的用法 51, 61
黙読 111
もし〜ならば 76, 78-80, 184, 190
モチベーション 39, 40, 107, 208

モチベーションアップ　178

　〈や行〉
大和言葉　22
有声音　166, 167
雄弁術　184
洋画　41, 42
様態　133, 135, 136
欲張らない　109
抑揚　191, 202, 203
弱く読む部分　189

　〈ら行〉
ライティングのコツ　34
『ラクして成果が上がる理系的
　仕事術』　207
リスニング　3, 41, 107, 114,
　140, 147, 174, 176-178, 185,
　186, 192, 193
リスニング教材　176
リスニング力　41-43, 176,
　178, 180, 186, 192, 204
リズム　184, 186, 189, 192,
　202
リピーティング　178, 187,
　191, 200
ルーチン化　106
例文集　39, 41
例文収集　39, 42
レトリック　184
練習問題　3, 4, 29, 140, 186,
　208
連想ゲーム　24-29, 34, 35, 37,
　38, 41, 43

　〈わ行〉
和英辞典　18, 19, 23, 34-36,
　41
和文英訳　17
和文和訳　20-22, 24, 35, 37,
　41

索引（英語）

at present　109
attack　27
aunt　148
Barack Obama　175, 179
believe　48, 54, 64, 81-84, 86, 98, 124, 131, 132, 134, 135
body　23
buy　129, 156
car　23
desert　111
dispose　98
elephant　23
favorite phrase　36
fever　18, 19, 34, 74
few　32, 89, 95-97, 124, 131-133, 135, 136
food　162
get rid of　22
give　126-129
He always says　28
heat　18, 19, 34, 152, 195
I have a dream　184, 193-198, 200, 202, 204
I'm always getting lost　28, 42, 43
little　30, 89, 95-97, 195-198, 200, 202
make　81, 82, 86, 171
Martin Luther King, Jr.　193, 195
no　95, 96
passion　34
present　30, 104, 109-112
President-Elect Victory Speech　175, 179
rhinoceros　23
see　81, 86, 156
show　129
table　112, 113
teach　48, 52, 129, 156
tell　22, 77, 78, 80
tooth　25-27
uncle　148
water　97, 125-128
whether to quit or not　23
Yes, we can.　175

215

★読者のみなさまにお願い

この本をお読みになって、どんな感想をお持ちでしょうか。書評をお送りいただけたら、ありがたく存じます。今後の企画の参考にさせていただきます。また、次ページの原稿用紙を切り取り、左記まで郵送していただいても結構です。
お寄せいただいた書評は、ご了解のうえ新聞・雑誌などを通じて紹介させていただくこともあります。採用の場合は、特製図書カードを差しあげます。
なお、ご記入いただいたお名前、ご住所、ご連絡先等は、書評紹介の事前了解、謝礼のお届け以外の目的で利用することはありません。また、それらの情報を6カ月を越えて保管することもありません。

〒101-8701 (お手紙は郵便番号だけで届きます)
祥伝社新書編集部
電話03 (3265) 2310
祥伝社ホームページ http://www.shodensha.co.jp/bookreview/

---- 切りとり線 ----

★本書の購買動機（新聞名か雑誌名、あるいは○をつけてください）

＿＿＿新聞の広告を見て	＿＿＿誌の広告を見て	＿＿＿新聞の書評を見て	＿＿＿誌の書評を見て	書店で見かけて	知人のすすめで

★100字書評……一生モノの英語練習帳

名前

住所

年齢

職業

鎌田浩毅 かまた・ひろき

京都大学大学院人間・環境学研究科教授。1955年生まれ。東京大学理学部卒業。専門は火山学・地球科学。世界的研究で得た理系的な勉強法と仕事術を提唱。京大での講義は圧倒的人気を誇る。著書に『一生モノの勉強法』『ラクして成果が上がる理系的仕事術』『成功術 時間の戦略』『富士山噴火』『京大人気講義 生き抜くための地震学』など。吉田との共著に『一生モノの英語勉強法』(祥伝社新書) がある。

吉田明宏 よしだ・あきひろ

1973年生まれ。大阪外国語大学（現・大阪大学外国語学部）卒業。関西を中心に展開する現役予備校・研伸館で高校生と中学生に英語を教える。堅実で的確な英語教育法と巧みな話術により、学力向上と志望校合格へ着実に成果を出している。生徒・保護者双方から絶大な信頼を受けるカリスマ英語教師。

一生モノの英語練習帳
──最大効率で成果が上がる

鎌田浩毅　吉田明宏

2015年3月10日　初版第1刷発行

発行者	竹内和芳
発行所	祥伝社 しょうでんしゃ
	〒101-8701　東京都千代田区神田神保町3-3
	電話　03(3265)2081(販売部)
	電話　03(3265)2310(編集部)
	電話　03(3265)3622(業務部)
	ホームページ　http://www.shodensha.co.jp/
装丁者	盛川和洋
印刷所	萩原印刷
製本所	ナショナル製本

造本には十分注意しておりますが、万一、落丁、乱丁などの不良品がありましたら、「業務部」あてにお送りください。送料小社負担にてお取り替えいたします。ただし、古書店で購入されたものについてはお取り替え出来ません。
本書の無断複写は著作権法上での例外を除き禁じられています。また、代行業者など購入者以外の第三者による電子データ化及び電子書籍化は、たとえ個人や家庭内での利用でも著作権法違反です。

© Hiroki Kamata, Akihiro Yoshida 2015
Printed in Japan ISBN-978-4-396-11405-3 C0282

〈祥伝社新書〉 話題のベストセラー

351 英国人記者が見た 連合国戦勝史観の虚妄 〈シリーズ〉ストークス

信じていた「日本＝戦争犯罪国家」論は、いかにして一変したか？

369 梅干と日本刀 日本人の知恵と独創　樋口清之

シリーズ累計130万部の伝説的名著が待望の新書化復刊！

370 神社が語る 古代12氏族の正体　関裕二

誰も解けなかった「ヤマト建国」や「古代天皇制」の実体にせまる！

371 空き家問題 1000万戸の衝撃　牧野知弘

二〇四〇年、10軒に4軒が空き家に！ 地方のみならず、都会でも！

379 国家の盛衰 3000年の歴史に学ぶ　本村凌二／渡部昇一

覇権国家の興隆と衰退の史実から、国家が生き残るための教訓を導き出す！

〈祥伝社新書〉 芸術と芸能に触れる

358 芸術とは何か 千住博が答える147の質問
「インターネットは芸術をどう変えたか?」「絵画はどの距離で観るか?」……ほか
日本画家 **千住　博**

349 あらすじで読むシェイクスピア全作品
「ハムレット」「マクベス」など全40作品と詩作品を収録、解説する
東京大学教授 **河合祥一郎**

336 日本の10大庭園 何を見ればいいのか
龍安寺庭園、毛越寺庭園など10の名園を紹介。日本庭園の基本原則がわかる
作庭家 **重森千青**

023 だから歌舞伎はおもしろい
今さら聞けない素朴な疑問から観劇案内まで、わかりやすく解説
芸能・演劇評論家 **富澤慶秀**

337 落語家の通信簿
伝説の名人から大御所、中堅、若手まで53人を論評。おすすめ演目つき!
落語家 **三遊亭円丈**

〈祥伝社新書〉 仕事に効く一冊

095 デッドライン仕事術 すべての仕事に「締切日」を入れよ
仕事の超効率化は、「残業ゼロ」宣言から始まる!
元トリンプ社長 **吉越浩一郎**

207 ドラッカー流 最強の勉強法
「経営の神様」が実践した知的生産の技術とは
ノンフィクション・ライター **中野 明**

306 リーダーシップ3.0 カリスマから支援者へ
強いカリスマはもう不要。これからの時代に求められるリーダーとは
慶応大学SFC研究所上席所員 **小杉俊哉**

357 物語 財閥の歴史
三井、三菱、住友を始めとする現代日本経済のルーツをストーリーで読み解く
中野 明

394 ロボット革命 なぜグーグルとアマゾンが投資するのか
人間の仕事はロボットに奪われるのか? 現場から見える未来の姿
大阪工業大学教授 **本田幸夫**

〈祥伝社新書〉 大人が楽しむ理系の世界

229 生命は、宇宙のどこで生まれたのか
「宇宙生物学(アストロバイオロジー)」の最前線がわかる！
神戸市外国語大准教授　福江 翼

234 9回裏無死1塁でバントはするな
まことしやかに言われる野球の常識を統計学で検証
統計学者　鳥越規央

242 数式なしでわかる物理学入門
物理学は「ことば」で考える学問である。まったく新しい入門書
神奈川大学名誉教授　桜井邦朋

290 ヒッグス粒子の謎
なぜ「神の素粒子」と呼ばれるのか？ 宇宙誕生の謎に迫る
東京大学准教授　浅井祥仁

338 大人のための「恐竜学」
恐竜学の発展は日進月歩。最新情報をQ&A形式で
北海道大学准教授　小林快次 監修
サイエンスライター　土屋 健 著

〈祥伝社新書〉
いかにして「学ぶ」か

360 なぜ受験勉強は人生に役立つのか
教育学者と中学受験のプロによる白熱の対論。頭のいい子の育て方ほか

明治大学教授 **齋藤　孝**
家庭教師 **西村則康**

339 笑うに笑えない大学の惨状
名前を書けば合格、小学校の算数を教える……それでも子どもを行かせますか？

大学通信常務取締役 **安田賢治**

312 一生モノの英語勉強法 「理系的」学習システムのすすめ
京大人気教授とカリスマ予備校教師が教える、必ず英語ができるようになる方法

京都大学教授 **鎌田浩毅**
研伸館講師 **吉田明宏**

331 7ヵ国語をモノにした人の勉強法
言葉のしくみがわかれば、語学は上達する。語学学習のヒントが満載

慶應義塾大学講師 **橋本陽介**

362 京都から大学を変える
世界で戦うための京都大学の改革と挑戦。そこから見える日本の課題とは

京都大学第25代総長 **松本　紘**